佛洛伊德重新認識

許奕廷 著

SIGMUND FREUD

全新視角詮釋佛洛伊德經典學說，
解構潛抑記憶、錯置行動與認知矛盾

生活中的每個無意識錯誤
都是潛意識符碼化的心理表徵

透過語言偏差與記憶錯置
映現內在的情緒衝突與防衛機制

目 錄

序：
與潛意識對話 —— 重讀佛洛伊德的心理語法

在整理與重構這套佛洛伊德心理學文獻的過程中，我不斷體會到：我們並非僅僅是在剖析某一理論體系，而是在與潛意識本身展開一次次深層對話。這並不是一本提供現成技術或操作流程的心理學手冊，而是一條蜿蜒曲折、通往語言背後的道路。透過失言、錯動、夢境與症狀，我們看見人性的語彙結構，也摸索出情緒的隱祕密碼。這正是佛洛伊德遺產的真正重量 ——— 不是標準化的答案，而是一種思考方式，一種面對內在黑夜的勇氣與方法。

◎精神分析的語言不是醫學，是詩學

本書雖以佛洛伊德的論述架構為基礎，但我關注的不僅是重現經典，而是如何讓這些百年前的洞察，在當代臺灣社會與心理語境中重新發聲。對我而言，潛意識並不是某種遙遠的學術概念，而是一種我們在焦慮、壓力、欲望與壓抑中反覆經歷的現象。我試圖透過更貼近日常語言的筆法，保留理論的縝密，同時引出讀者心中那些說不出口卻又真實存在的內在矛盾。讓精神分析不再只是診療室的技術，而是一種

理解自我與他人情緒運作的關鍵視角。

佛洛伊德之所以持久不墜，並非來自他理論的絕對正確，而是他所提出的基本問題至今依然無法迴避：人為什麼會說錯話、做錯事？人為什麼會重複傷害自己？人為什麼會在愛中毀壞、在失敗中尋求認同？這些問題無關技術，而關乎存在。

◎錯誤是潛意識的開場白

在我撰寫第七、第八章時，特別聚焦於「錯誤」作為心理現象的敘事性。佛洛伊德在《日常生活的精神病理學》中指出，失誤、口誤、筆誤與遺忘等現象，都是潛意識「發聲」的管道。它們不是理性失控的產物，而是被壓抑欲望的語言轉譯。這種看待錯誤的方式，不僅改寫了心理學的範疇，也重塑了人們理解自我與行為的方式。

更深刻的是，這些錯誤往往不僅是個體的心理片段，更是文化、家庭與集體無意識所交織的結果。我們每一次遺失物品、每一次錯過機會，或許不只是個人健忘或能力不足，而是潛意識正帶領我們靠近某個被遺忘的自我碎片。

◎寫作的過程即是內在對話的重演

我在書寫這些章節時，從來不只是陳述一個心理學概念，而是讓自己沉入每一個語句背後的心理情境，設法捕捉那股難以言喻的模糊張力。以「反覆失誤行為」為例，我所關注的不只是臨床上如何分類或診斷，而是那種日常中人人皆有的經驗：明知不該、卻又一再重蹈覆轍的矛盾與掙扎。這不是單純的理性問題，而是一種潛意識的扭曲牽引，是理性與欲望之間的拉鋸。我的目標，不是給出標準答案，而是試圖讓那股來自潛意識的力場，能夠在語言中被感知、被理解。

正因如此，我在本書中採取了高度敘事性的寫作方式，使每一節都能自成一則心理短文，既是理論的鋪陳，也是經驗的還原。這不只是知識的傳遞，更是一種引導讀者進入自身心理現場的方式。我相信，對於臺灣的心理學讀者而言，所需要的不僅是冷峻的理論摘要，而是一種能與內在經驗共振的語言形式 —— 一種能讓人看見自己、感受到自己，甚至行動起來的心理鏡像。

◎潛意識不是知識，是關係

當代社會快速流動、焦慮壓力高漲，人們傾向尋求效率、解法與快速復原，而佛洛伊德的思想卻恰恰相反 —— 他提醒我們，真正的心理轉化，是慢的，是反覆的，是與自己建立關係的過程。潛意識不是問題庫的答案，而是我們與自己、與他人之間關係樣態的歷史回聲。

身為這本書的作者，我所處理的，從來不只是理論的建構或詞語的安排，而是一種將佛洛伊德原初的心理實驗精神，轉化為當代可以閱讀、可以思考、也可以實踐的知識形式。這本書的書寫歷程，對我而言，也是一場深層的心理修復歷程。我一次次回望自己的錯誤、慣性與內在劇本，試圖理解：為什麼我們總會在無意識中重複同樣的模式？又為什麼改變總是這麼令人抗拒？這不只是理論的問題，而是每一個人都可能正在經歷的心理真實。而這本書，就是我將這些內在運作轉化為文字的努力。

◎重新閱讀佛洛伊德，是理解自我之旅

對許多現代人而言，佛洛伊德是遙遠而神祕的名字，但若我們能放下理論權威的距離感，將其視為一位探索人類心理幽暗角落的敘事者，那麼他的語言將再次變得鮮活。本書所做的，不是向經典致敬的形式工作，而是一次次穿越「錯誤、重複、投射、防衛」這些行為與語言的迷宮，走回那個尚未被命名的內在空間。

這是一條慢路，是需要多次閱讀、多次對照、多次自問的心理旅程。但唯有這樣的旅程，才可能讓心理學不只是一門學科，而是一種真正介入生命的語言實踐。

第一章
潛意識的日常展現：從小錯誤看見心靈深處

第一節　專有名詞遺忘與潛在聯想

潛意識中的遺忘機制

佛洛伊德（Sigmund Freud）在其經典著作《日常生活的精神病理學》（1901）中指出，專有名詞的遺忘往往不是單純的記憶衰退，而是一種潛意識壓抑的結果。當某個名字與個人過去的負面經驗、未解的情緒矛盾或道德焦慮產生連結時，意識會透過心理防衛機制將該訊息排除，以維持內在穩定。這種遺忘不僅具選擇性，更具有象徵性，隱含著潛意識欲望的抑制作用。

名稱替代與語意聯想的潛臺詞

心理學研究顯示，個體在無法想起某一專有名詞時，經常會使用一個與之語音、語意相近，甚至情感上具象徵意義的名字作為替代。這種替代現象，正說明潛意識的運作邏輯不以邏輯清晰為本，而以欲望、焦慮、排拒與投射為導向。所謂「錯名現象」（misnaming）並非無意，而是以語言為表層的心理訊號，映照出潛藏的心理狀態與情緒傾向。

語言錯置與潛意識結構

法國精神分析學家雅各 · 拉岡（Jacques Lacan）強調語言即無意識的結構。他指出，個體的主體性是在語言結構中生成的，而錯誤使用語言，如誤名、口誤等，實為潛意識對象徵秩序的反抗與滲透。從這個角度來看，專有名詞的遺忘不只是記憶操作的失誤，更是一種心理結構性現象，具有分析性價值。

記憶的選擇性與壓抑功能

心理學家丹尼爾 · 沙克特（Daniel L. Schacter）在《記憶七罪》（1999）中提到，「阻斷」（blocking）即為記憶中常見的錯誤機制，當潛意識主動壓制某些訊息時，即使該資訊仍儲存在長期記憶中，卻難以被意識喚起。此現象不僅影響語言表達，也可觀察於情感記憶、創傷回憶或對特定人物的聯想障礙。

語境中的心理錯覺與壓抑再現

潛意識並非封閉系統，它時常透過行為、語言甚至夢境重現被壓抑的訊息。名字的遺忘，在某些語境中可被視為壓抑記憶的再現機制。也就是說，當我們刻意遺忘或難以提及某些名字時，其實正是在某種無法言說的情境下，潛意識選擇「替自己說話」。這類語言中斷，是心靈中另一種層次的敘事方式。

資訊過載與心理防衛的現代展現

在當代生活中，社群媒體與快速通訊工具造成個人對於名稱與身分的認知負荷劇增。暱稱、職銜、社群代號與真名交錯使用，讓人際互動變得更加符號化。這些交錯造成的語義模糊，進一步加強潛意識透過語言錯誤逃避、否認或重構心理現實的傾向。名稱的錯置因此成為現代心理壓力與記憶干擾的交會點。

精神分析視角下的潛在衝突

當潛意識無法接受某段人際關係或過去事件，個體會在語言層次上出現非理性的錯誤，藉由遺忘名字來象徵性地抹去與其關聯的情感負荷。這些行為看似偶然，實則是心理防衛機制的產物。專有名詞的遺忘與潛在衝突有著密切關聯，其頻率、對象與情境皆值得精神分析師作為解碼無意識訊息的依據。

無意識的語言節奏與行為線索

潛意識不僅透過語言表現，也會影響語言節奏與話語斷裂點。個體在遺忘名稱時，語速可能瞬間變慢、語音出現停頓、甚至換句話說來避開關鍵字，這些微細語言現象正是潛意識的節奏顯現。語言中的空白、停頓與代稱不僅是說話技巧的缺陷，更是心理掙扎與抑制的表徵。

語言的脫落與社會文化因素

名字作為一種社會建構的符號，承載著權力、身分與文化認同。在不同文化語境下，名字的意義與心理反應亦有差異。例如：亞洲社會重視長幼尊卑與禮儀稱謂，對於名字的遺忘可能被視為不敬；而在西方社會中，名字遺忘有時則被解釋為個體忙碌或記憶壓力。在這些文化脈絡中，潛意識仍扮演著選擇性記憶的主導角色，只是表現方式略有差異。

結構化心理治療中的語言回溯

在心理治療過程中，治療師經常透過「自由聯想」或「語言回溯」的方式，引導個案追查名字遺忘的動因。這種方法並非只是要記起名字本身，而是探討「為什麼這個名字被忘記」，亦即名字背後的情緒層次與記憶壓力。從這個角度看，名字的遺忘是心理進入深層治療的契機，而非障礙。

潛意識的語言遺漏作為心靈地圖

整體而言，專有名詞的遺忘不僅是語言現象，更是一個可用來描繪心理結構的路標。這些錯誤在看似日常的語言事件中，揭示了壓抑情緒、未解衝突與心理防衛的痕跡。潛意識雖難以直視，卻常在這些小錯中浮現其真實面貌。透過精神分析與語言學的交叉視野，個體可逐步解讀心靈地圖，理解自我與他人之間那些隱而未見的心理關係。

心靈地圖的入口：總結潛意識的語言錯置

名字的遺忘並非偶然，而是潛意識壓抑與象徵性選擇的結果。從語言替代到語速變化、從社會文化差異到心理治療實踐，專有名詞的錯置提供我們一條認識潛意識的線索。這不僅是精神分析的基礎現象，也是理解人類內在世界的重要入口。

第二節　名字與語言錯置的心理動因

潛意識如何操控語言錯置

佛洛伊德在探討語言錯誤的經典研究中指出，錯誤的稱呼或語言置換並非單純的認知缺失，而是一種潛意識欲望的干預。當一個人將某人的名字錯唸、混淆，或使用錯誤的語詞稱呼對方，潛意識往往正在此過程中運作，透過錯置語言傳達內在情緒或隱性衝突。

精神動力與語言錯誤的動因分析

精神分析認為，每一次語言錯誤的背後，幾乎都可追溯至一個未被完全處理的心理壓力點。這可能與焦慮、羞愧、憤怒或未完成的心理議題有關。錯誤的名字或詞語就如同夢境中的象徵物，是心靈欲望與防衛之間的折衝產物。

錯語中的象徵轉換與角色代換

語言錯誤常見的現象之一是「錯喚」，即把一個人的名字叫成另一個名字，而那「被喚錯的名字」通常有著象徵性的意義。這種錯置既可能反映內在的認同投射，也可能是將某人賦予他人影像的心理機制，形成一種心理角色代換。例如把上司叫成父親，可能象徵潛在的服從與競爭衝突。

名字混淆與記憶模糊的心理結構

根據當代認知心理學與語意記憶模型，名字的提取涉及複雜的語意網絡。當潛意識參與調用時，可能出現語詞競爭、語意遮蔽、甚至情緒性阻斷。因此名字錯置的情況，往往發生在與某人關係曖昧、內心感受複雜的情境中。

社會語境中的語言誤認效應

語言錯誤不僅是個人心理現象，也受到社會語境影響。特定社會角色、性別標籤、階級認知等，皆可能透過潛意識進入語言表現。心理學家指出，語言錯置常與對他人的社會投射有關，將既有角色誤認套入他人身上，反映出主體對社會結構與自我角色的矛盾理解。

情緒壓力與語言錯誤的聯動關係

當人處於焦慮、羞愧或情緒高度波動時，語言錯誤的發生率顯著提高。這顯示潛意識在情緒張力下更容易「介入」語言控制系統，使得錯誤更具心理解讀價值。情緒性錯語（Freudian slip）不只是口誤，而是心靈狀態的側寫。

無意識的話語操縱與壓抑代價

潛意識並非被動接受器，而是主動影響話語生產的結構力量。在錯語現象中，語言成為一種潛抑內容的出口。這種出口雖非理性所欲，但卻具有深層象徵性，其背後是被壓抑的內容尋求重新進入意識場域的動態過程。

語誤作為心理干擾的警訊

當錯語出現頻繁時，它往往不只是偶發事件，而是潛意識正在透過語言進行干擾的徵兆。心理學家建議將這些語言錯誤視為心理訊號，尤其在治療或自我探索中，可作為進入深層心理區塊的切入口。

當代語境下的語誤重現

在數位社交平臺與虛擬溝通興起的時代，語言錯誤出現新的表徵方式，如錯誤標記、訊息傳錯對象、誤用表情符號等，也同樣可以從心理動機與潛意識分析角度理解。語言錯置持續是我們理解自我與他人內在狀態的重要鏡面。

潛意識語言現象的理論整合

語言錯誤不應視為記憶或語言能力缺失，而是一種複雜的心理語言現象，涉及潛意識壓抑、象徵機制、情緒干擾與語意錯誤。此種綜合性理解有助於精神分析與現代語言學、神經心理學之間的交叉對話。

潛語錯置的心理學意涵

名字與語詞錯置不只是生活小插曲，而是潛意識操控語言的線索。這些現象顯示出語言在無意識中如何被重新配置、如何傳遞被壓抑的心理訊息。從精神分析出發，錯語成為觀看心理矛盾與欲望張力的觀察窗口，也幫助我們更清楚地理解個體在語言中如何洩露內在真實。

第三節　壓抑與替代：遺忘中的隱藏機制

潛意識壓抑的理論基礎

佛洛伊德將「壓抑」（Repression）視為精神分析中最基本且核心的防衛機制。當個體面對某些無法處理的欲望、衝突或創傷時，會將其排除於意識之外，使之進入無意識區塊。壓抑不只是「忘記」，而是有動機地將特定心理內容排除，並維持這種遺忘的狀態。

替代性行為的心理補償

被壓抑的內容並不會真正消失，而是以其他形式「替代」地表現出來。這些替代行為可能是無害的，也可能轉化為病理現象，如強迫行為、身體症狀或夢境中的象徵圖像。替代作用（displacement）讓潛意識得以透過較為安全的形式表達被禁止或壓抑的欲望。

壓抑與創傷記憶的關聯

創傷經驗特別容易被壓抑。研究發現，個體在遭遇極端創傷（如暴力、性侵、災難等）後，常會出現選擇性遺忘的現象。這不僅是生理保護反應，也是心理為了維持內在穩定而啟動的防衛策略。然而這些被壓抑的創傷記憶，常會以夢境、恐懼、身體症狀或突發情緒重現，成為創傷後壓力症候群（PTSD）的一部分。

替代與錯置的心理邏輯

佛洛伊德指出，替代作用的運作基礎是心理能量的重新配置。原先投注於某個壓抑對象的能量會轉移到另一個較不具威脅的對象上。例如：一個無法表達對父母怒氣的孩子，可能會將這份情緒轉移到寵物或玩具身上。這類錯置現象，雖然表面無害，卻是內在情緒矛盾的反映。

現代神經心理學對壓抑的觀點

當代研究嘗試以腦部影像與認知科學解釋壓抑的運作。有研究顯示，個體在「刻意遺忘」某些資訊時，其前額葉皮質（負責抑制）與海馬迴（負責記憶）之間會出現特殊的神經互動模式。這與佛洛伊德的壓抑理論互為呼應，提供了生物學上的證據支持。

替代性記憶的建構與變形

記憶不是靜態儲存，而是動態重構。在壓抑作用下，原始記憶可能被扭曲或被他種經驗所「覆寫」，形成所謂「替代性記憶」。這類記憶雖非虛構，但其結構已深受心理機制影響。精神分析認為，替代性記憶能幫助個體承受情緒壓力，但也可能阻礙其真實回憶的恢復。

壓抑的心理代價與精神困擾

長期壓抑會導致心理能量持續處於緊張狀態，最終形成症狀。佛洛伊德稱此現象為「轉化症狀」，即情緒無法經由語言與意識表達，遂轉化為身體或行為異常。壓抑並非無害，它的心理代價會隨著時間累積，並潛藏於行為與情緒反應之中。

替代象徵與夢境表達

夢是壓抑內容的另一種出口。佛洛伊德認為夢境中的意象常具有象徵意義，它們以曲折方式重現被壓抑的欲望與情感。例如：夢中的水流、迷宮、斷裂建築物，都可能是心理壓抑的象徵性再現。這些夢的詮釋有助於個體回溯心理歷程，解讀自我內在衝突。

壓抑與日常遺忘的界線

不是所有的遺忘都來自壓抑。精神分析與記憶心理學皆指出，普通的注意力分散、資訊過載與生理疲倦也會造成記憶錯失。但若某類型資訊反覆遺忘，且涉及特定人事物或情緒事件，則可合理推論其中可能存在壓抑機制。

壓抑與自由聯想的治療應用

在精神分析治療中，治療師常透過自由聯想技術，協助案主發掘潛意識中被壓抑的內容。當案主從表面話題轉向看似無關的小細節時，治療師會追問其中的心理連結，從而挖掘出壓抑的核心議題。此過程有助於心理整合與情緒釋放。

替代行為的反覆模式與心理復原

心理創傷未被處理時，個體常會進入反覆的替代行為循環。例如反覆與類似性格對象建立關係、重複某種受挫場景、重複犯錯等。這些行為是潛意識嘗試解決壓抑問題的努力，透過辨識與中止這些循環，個體才能真正邁向復原之路。

心理轉化的契機：壓抑的解放與重構

認識壓抑與替代機制，有助於我們更清晰地理解記憶、行為與情緒的交織關係。透過心理治療、深度反思與夢的解析，壓抑的內容得以重見天日，轉化為可被理解與接納的經驗。這正是心理成長的轉捩點，也是通往內在整合的重要步驟。

第四節　童年記憶的重塑與變形

記憶作為心理建構的結果

傳統觀念認為記憶是對過去事件的忠實回憶，然而在精神分析與現代心理學中，記憶被視為一種動態建構過程。佛洛伊德認為，童年經驗雖是心理發展的根源，但其被記住與再現的方式，往往受潛意識重組與當下需求影響，因而具有變形與再詮釋的特性。

回憶與壓抑的互動機制

童年記憶並非一成不變，而是與壓抑機制密切相關。許多成人自述的童年片段，實則是經歷多次內在編輯的結果。那些不願面對的情境、角色或情緒，被潛意識選擇性排除；相對地，其他較易接受或美化的片段，則被誇大或重新詮釋，形成一種潛意識的自我敘事。

心理保護機制與記憶濾鏡

記憶的重構不僅來自內在驅力，也與心理保護機制有關。當某段童年經驗涉及羞辱、恐懼、疏離或創傷時，個體會透過心理濾鏡改寫記憶，使其轉化為較易承受的版本。這樣的記憶重塑有助於維繫自尊與心理完整性，但同時也掩蓋了潛藏的創傷本質。

記憶裂縫中的象徵意涵

記憶的斷裂與空白，往往不只是遺忘，更是一種潛意識表達的方式。佛洛伊德強調，個體可能無法直接記住創傷事件，但卻會在語言、夢境、行為模式中反覆呈現某些象徵，如封閉房間、失聲、跌落等，這些都可能是童年經驗的變形再現。

現代研究對記憶失真現象的支持

心理學家伊莉莎白．洛夫圖斯（Elizabeth Loftus）的研究指出，人類記憶容易受到外界引導與內在想像干擾，甚至可能形成虛構記憶（false memories）。在童年回憶中，這種現象尤為顯著。當個體試圖追溯早期經驗時，常會不自覺地補足記憶裂縫，卻同時混入想像內容，強化了記憶的象徵性而非寫實性。

敘事身分與童年重塑

從敘事心理學觀點來看，人類的自我認同與其對童年記憶的建構密不可分。個體往往藉由回顧童年經驗來塑造當前身分意義，因此童年記憶的內容與詮釋會隨著生命歷程不斷重寫。潛意識在其中扮演重要角色，引導記憶朝向情感需求與心理補償發展。

記憶中的家庭角色與投射

童年記憶的重組亦常見於對家庭角色的再定義。例如：原本高壓父母可能被重新詮釋為「嚴格但有愛」；失落的陪伴則被回憶成「給我空間學習獨立」。這些敘事的變形與投射行為，不單是記憶過程，更是自我心理防衛與修復的實踐。

夢境與變形記憶的交錯

夢是潛意識語言的重要載體，也是童年記憶變形的顯著場域。許多成人夢境中出現的「舊家」、「學校」、「逃跑場景」等，往往並非單一事件的回憶，而是多段記憶的融合與象徵。透過夢的解析，可看見潛意識如何從碎片中建構出一種心理敘事。

沉默與空白：記憶未被說出的部分

值得注意的是，童年記憶中最深刻的，往往不是語言能說出的部分，而是那些無法言說的沉默與空白。精神分析強調，「未被記憶的事件」也具有心理效應，甚至更為強烈。這些空缺成為日後情緒反應與關係模式的無聲根源。

童年記憶與心理治療的交錯作用

在心理治療中，童年記憶是重要的切入點。透過自由聯想、夢境分析或書寫工作，案主可逐步揭露記憶中隱藏的情緒與意涵。治療過程中記憶的「變形」非但不被視為虛構，反而成為探索心理動力的有力線索。

記憶變形的倫理與真實

面對記憶的重建與變形，心理實務工作者需謹慎處理。既要承認記憶的主觀與象徵性，也要警覺虛構與外部引導所可能造成的心理誤導。在真實與詮釋之間維持尊重與開放，才可能幫助個體從記憶中獲得整合與療癒。

童年記憶變形的心理學意涵總結

童年記憶並非過去事件的靜態封存，而是一種動態敘事與心理建構。其變形不只是遺忘或美化，更是潛意識參與其中，透過象徵、壓抑與替代，協助個體面對與轉化內在衝突。認識這種變形，正是理解自我歷程與情緒根源的第一步。

第五節　誤讀與筆誤的心理意涵

潛意識錯誤的閱讀形式

誤讀是日常閱讀中常見的現象，我們常會不自覺地將某個字詞看錯、跳過或誤解。從精神分析角度來看，這些錯誤往往不是隨機發生的，而是潛意識對文本進行投射與干預的結果。佛洛伊德認為，無意識會透過誤讀將某些被壓抑的欲望或恐懼轉譯至閱讀經驗中，讓閱讀變成理解潛意識運作的一種管道。

字詞錯置與心理期待的落差

人在閱讀時容易依據既有經驗與語境進行預測，因此當字詞出現不符合預期的形式，便可能引發誤讀。這種現象揭示了閱讀行為中的心理期待與現實內容之間的矛盾，而這種矛盾常帶有情感動因，讓誤讀不只是感官錯誤，更是心理反應的投射。

筆誤作為無意識內容的流露

筆誤看似是機械性的手部失誤，但從精神分析角度出發，它其實常常透露出書寫者潛藏的情緒狀態與無意識願望。例如：在書寫「快樂」時寫成「困擾」，或將「成功」寫成「失敗」，這些筆誤有時揭示了寫作者當下未能言說的心理狀態。

書寫自動性與語言潛伏衝突

筆誤與自由書寫常同時出現，尤其在未經修訂或速記筆記中更為常見。心理學研究發現，自動書寫 (automatic writing) 過程中，書寫內容與語言形式常受潛意識驅動，導致詞彙錯置或文法錯亂。這些錯亂若加以解析，常能追溯出個體壓抑或逃避的情緒根源。

誤讀與過度解讀的界線

閱讀行為中，誤讀與過度解讀常難以分界。有時，個體在面對模糊或未具體陳述的文本時，會在心理上補足其意涵，形成超出文本原意的理解。這種現象反映出個體內在欲望或焦慮的投射，使閱讀不只是接收，而是自我心理的參與和演繹。

誤讀的象徵性與夢境結構相似性

誤讀所呈現的扭曲與重新詮釋，與夢境中的象徵與轉換極為相似。佛洛伊德指出，夢是願望的偽裝表達，而誤讀則是在清醒狀態下進行的微型心理轉譯。誤讀文本中的象徵意涵，與夢中物件具有同樣的解碼價值。

筆誤與語言替代的潛意識機制

許多筆誤其實是語言替代作用的展現。例如將一個想要逃避的詞彙換成社會更可接受的詞，或將無法承認的情緒化為冷靜的語彙，這種轉化往往以筆誤的方式表現出來。語言替代與筆誤結合時，不僅顯示出潛意識的動態活動，也揭示了書寫者內在的價值衝突與道德掙扎。

誤讀與讀者的情感動員

誤讀的產生不單是理解偏差，更是情緒動員的結果。讀者在閱讀過程中若帶有強烈的情感預期，極易將自身情緒投射於文本之上，進而產生誤讀。這些誤解未必全然錯誤，反而更貼近讀者自身內心真實的情緒需求。

現代資訊過載下的誤讀機制

在快速閱讀與資訊超載的時代，人們容易出現「掃讀式誤讀」。這類誤讀非因潛意識深層結構導致，而是來自注意力分散與心理過載。但即便如此，潛意識仍可能趁機介入，使某些誤讀內容恰好對應個體當前的心理處境，形成意外的心理共鳴。

誤讀與筆誤的治療潛力

在心理治療中，誤讀與筆誤可作為理解案主潛意識狀態的入口。透過對話分析、書寫觀察與閱讀反應的探討，治療師能發現個體情緒遮蔽與防衛機制的運作模式。這些看似微小的語言事件，往往成為治療轉折的重要線索。

錯誤即訊號：誤讀與筆誤的心理學價值

誤讀與筆誤不應被視為無足輕重的失誤，而是潛意識活動的表徵。當我們學會傾聽這些錯誤背後的心理語言，就能發現其隱藏的情緒、欲望與壓抑的訊息。在這些錯誤中，藏著個體對自身世界的潛在理解與心理調節機制。

第六節　語音干擾與無意識的凝縮

聲音錯誤的心理根源

語音錯誤，又稱口誤 (slips of the tongue)，在日常生活中極為普遍。我們經常會說錯詞、重複音節，或將兩個詞彙結合為一，這些現象從表面上看似語言運作的偶發失誤，實則在精神分析的視角中，隱含潛意識的欲望、恐懼與壓抑情緒。佛洛伊德指出，口誤不應被視為語言機械性故障，而是一種心理訊號的意外洩漏。

口誤的基本形式與心理作用

口誤可分為數種類型，包括替換、遺漏、混淆、重複等。這些語音錯誤往往並非隨機，而是受無意識內容驅動。例如將「我要走了」說成「我要留了」，可能反映說話者對離開情境的潛在不願。語言錯誤的形式成為了解個體情緒衝突與心理動力的窗口。

語音錯誤中的凝縮現象

精神分析認為，語言中某些錯誤結構具有「凝縮」(condensation) 的特性，即將多個概念、情緒或詞彙壓縮成單一語詞或音節。這與夢境中的象徵結構相仿。語音錯誤所產生的混成詞、誤轉語法或重組語序，其實是一種高度濃縮的心理內容顯現。

潛意識中語音的象徵性質

語音錯誤不僅是形式誤用，它們也常具有象徵功能。例如某人在談及「薪資」時口誤說出「心死」，這種發音上的轉換透露出對職場壓力的情緒反應。語音符號的相似性為潛意識提供表達路徑，使壓抑內容得以偽裝形式出現。

聲音聯想與情緒觸發

語音與情緒密切連結，許多口誤實際上與語音聯想(phonetic association)有關。個體可能在情緒壓力下，將相似音的詞誤用為真實表達，這反映出潛意識選擇情感貼近的語詞來傳達心理狀態。這些錯誤語音的出現，實質上提供了心理診斷的語料依據。

語音錯誤與社會語境的交互

語音錯誤常發生於情境張力較大的場合，如公開演說、權力階層對話等。這些場合中的角色關係與社會期待，會強化語音錯誤的產生機率。說話者潛意識中的自我壓力與期望錯位，在語言錯誤中得以反映。

多語言錯誤與跨文化心理投射

在雙語或多語環境中，語音錯誤更具解釋力。說話者可能無意間從一種語言轉換為另一語言的語音結構，這不僅反映語言處理上的自動轉換，也展現文化身分與心理衝突之間的張力。例如：一位移民者可能在表達家庭價值時，突然以母語說出關鍵字，顯示情緒依附與文化認同的交疊。

語音錯誤與潛意識抗拒的模式

部分語音錯誤呈現重複出現的模式，顯示出潛意識中未解的心理抵抗。若一位個體在多次談話中持續說錯某個名字或用詞，治療師可推測其中潛藏的心理拒絕、焦慮或投射機制。語音錯誤因其自發性，能成為識別抗拒的重要線索。

神經心理學對語音錯誤的解釋補充

現代神經心理學指出，語音錯誤部分源自語言處理系統中的競爭與抑制失衡。當個體準備說話時，多個語詞會在語意網絡中被啟動，若抑制機制不足，便可能導致誤說。但精神分析視角認為，這些語言競爭的結果，受到潛意識偏好的干擾，而非純粹的認知意外。

語音錯誤的臨床觀察應用

在臨床實務中，語音錯誤常作為治療對話中重要的轉折訊號。治療師可根據個案在情緒高潮、記憶談論或角色討論中的語言偏誤，深入探討其潛意識需求。這類錯誤的出現可視為潛意識與意識之間的接觸點。

聽見潛意識：語音錯誤的心理意涵總結

語音錯誤是日常語言使用中的小裂縫，卻是潛意識情緒與欲望滲出的通道。從錯誤的音節中，我們能聽見無意識的顫動與壓抑的破口。正因其不被預期、不受控制，語音錯誤才具備極高的心理分析價值，也是觀察人類心理深層運作的重要窗口。

第七節　潛意識語法的遊戲法則

無意識語法的結構基礎

佛洛伊德與後來的拉岡 (Jacques Lacan) 都指出，潛意識並非混亂無章的思緒堆疊，而有其語言結構與邏輯秩序。這種語法不同於標準語言規則，而是潛藏於欲望與壓抑背後的象徵運作法則。當語言產生錯亂時，潛意識語法便悄然現形，成為解碼無意識意圖的線索。

語序變形與心理秩序的扭曲

語序錯亂是潛意識語法的常見表現，個體在語言表達時不自覺地打亂主詞與謂語的位置、顛倒時間邏輯或混淆因果順序。這些語法錯亂反映了內在心理秩序的暫時崩解，也可能是情緒或創傷干擾語言系統的結果。

象徵取代與語義錯置

潛意識中的語法傾向於以象徵替代真實對象。例如：在表達愛意時使用攻擊性詞彙，或在談論失落時出現繁複形容，這些錯置反映語言中象徵位移的心理功能。語義偏移本質上是潛意識為了保護自我所採取的變形策略。

否定句的心理補償作用

心理語法中，「否定句」的出現往往比肯定句更具分析價值。個體說「我不是在生氣」，往往意指「我確實有怒氣存在，但不願承認」。潛意識的語法慣用否定來偽裝認同，用以包裝其實無法接納的情緒實質，這也是心理防衛語法的經典形式。

重複結構中的潛意識循環

某些人在語言表達中常會不自覺重複特定語詞或語句，如「我真的真的沒事」，這種重複除了語氣強調，也可能是潛意識壓抑或說服自己的跡象。精神分析認為，語言重複往往指向尚未解決的情緒核，重複即是一種無意識企圖修復之表現。

斷裂語法與情感掩蓋

句子中突如其來的斷裂、中止或語意跳躍，常見於談論創傷、羞恥或難以承受話題時。這種語法斷裂並非語言能力問題，而是潛意識試圖阻止某些內容進入意識領域，形成心理屏障。治療師往往可從語言斷裂處，探查被封鎖的情緒源頭。

隱喻與轉喻：潛意識語法的核心機制

拉岡認為潛意識的基本運作邏輯正是隱喻 (metaphor) 與轉喻 (metonymy)。隱喻將情感或經驗轉移到象徵對象上，而轉喻則以相鄰概念取代焦點事物。這兩種語法結構不僅組織夢境與幻想，也滲入日常語言錯誤之中，構成潛意識語法的主體框架。

語法錯誤與壓抑物回歸的邏輯

當潛意識中的壓抑物重新進入語言表達，它往往採用不規則語法形式出現。此種語言錯亂是一種「壓抑物的回歸」(return of the repressed)，既非完整地再現，也不被輕易察覺，但對細心觀察者而言，正是潛意識呼喚的訊號。

跨文化語法錯誤的潛意識顯現

在跨文化環境中，語法錯誤可能呈現更多潛意識軌跡。移民或雙語者在轉譯自我經驗時，往往混合語法或錯用語序，這不僅是語言熟練度問題，也反映文化認同與心理整合的交織過程。語法混亂成為內在張力外化的痕跡。

潛意識語法與文學語言的重疊

在詩歌、小說與戲劇中，語法變形不只是風格選擇，也常是潛意識投射的文學實踐。作家透過語序錯置、否定強調、象徵轉移等方式，編織出多層次的心理語境。這些文學語法與心理語法高度重疊，成為理解文本深層心理結構的鑰匙。

解讀潛語：語法中的心理地圖

潛意識語法不屬於文法書的規則，但卻是理解個體心理結構的重要依據。透過觀察語序變形、象徵替代、否定語句與重複結構等現象，心理學者得以描繪出潛意識的語言地圖，揭示內在欲望、恐懼與防衛運作的輪廓。

第八節　誤說與自我揭露的矛盾訊號

無意識在口誤中的語言滲透

口誤是語言行為中的常見現象，人們經常在無意中說錯詞語、顛倒句意或將不相關的詞混入語句之中。佛洛伊德在《日常生活的精神病理學》中指出，這些看似偶然的錯語，實際上是潛意識的一種滲透方式，是壓抑的欲望、衝突或情緒的語言投射。

言語錯亂與潛意識矛盾的交錯顯現

當口語出現錯置或混淆，個體往往在說出口後即自覺異常，這正是潛意識與意識拉鋸的結果。語言在表面上的錯誤，其實顯示出一種心理的雙重訊號——既想表達，又在壓抑。這種矛盾訊號在日常生活中頻繁出現，尤其在人際關係、情緒衝突與壓力場景中格外明顯。

口誤的象徵結構與情感揭示

精神分析強調，口誤之所以重要，是因為它往往不只是語言錯誤，而是以語言包裝的象徵性表達。說出「我很害喜」代替「我很開心」，或將「對不起」誤說為「沒關係」，這些詞彙錯誤其實揭示了潛意識中的矛盾情緒與潛在想法。

語言轉換與自我角色的交錯

語言不只是溝通工具，更是自我角色的建構系統。當個體在表達過程中產生語言錯置，很可能正處於角色定位的混亂狀態。例如：一位主管在向員工道歉時口誤為「命令你原諒我」，即展現了自我角色中的壓抑與權力糾結。

潛意識語言自我揭露的情緒結構

誤說所牽涉的，不只是語言技巧，而是心理狀態。當情緒張力過高時，語言控制系統的負荷亦隨之增加，使得潛意識得以突破監控，短暫介入語言生成過程。這樣的介入造成的誤說，常揭示了個體難以處理的情緒壓力或尚未意識到的心理矛盾。

防衛機制與口誤之間的張力

誤說經常與心理防衛機制如否認、投射或轉移並存。個體在進行語言修飾時，潛意識可能故意「失手」，說出一部分真相，然後立即以笑聲、轉移話題或自我否定來遮掩。這種語言上的前後矛盾，正是潛意識語言機制的具體展現。

社交語境下的誤說策略與風險

在特定社交語境中，誤說可能被視為失禮、尷尬，甚至引發衝突。然而在精神分析視野下，這些誤說可能正是最具自我揭露潛力的語言時刻。誤說所帶出的情緒與語意錯誤，往往比刻意編輯的發言更能反映出真實心理狀態。

情緒遮蔽與語言破綻的心理顯影

誤說往往發生在個體努力「保持冷靜」或「維持形象」的情境中，這表示語言破綻往往在最努力遮蔽的地方出現。語言上的裂縫如同心理顯影，讓潛意識內容在語言中短暫顯現，這也是心理學觀察的寶貴線索。

語言速度與語錯率的潛意識關聯

研究指出，在快速語言輸出時，口誤發生機率顯著上升。這不僅是注意力下降的結果，更是潛意識乘隙而入的空間。語速愈快，監控機制愈鬆，潛意識語言的滲透愈可能表現出來，因此快速言談中的語錯現象成為分析潛意識動力的重要依據。

治療語境中的誤說解讀

在心理治療中，案主的誤說經常提供深入探查的重要入口。治療師可透過重述、追問與情境還原，協助案主理解語言錯誤所隱含的情緒訊號與心理衝突。這種語言層面的解析，有助於深化個案的自我覺察與心理整合。

語言中的心理脈絡線索總結

誤說並非偶然，而是潛意識介入語言的痕跡。它透露出壓抑、焦慮、欲望與防衛之間的複雜交織，是自我揭露的一種矛盾方式。透過分析誤說現象，我們得以深入理解語言行為背後的心理地圖，進一步揭示個體如何在語言中面對自己。

第九節　句法錯位中的情感投射

句型錯置與情緒強度的對應關係

在語言運用中，句法錯位並不總是語法能力不足所致，而常常透露出語言使用者的情感動態。當一個人將原應放在句首的資訊延後、顛倒語序、甚至改變主從句順序，這種語言變化往往來自於內在心理壓力的干擾。語法錯置不僅是溝通過程的「失誤」，更可能是潛意識壓力的微型流露。

情感壓抑下的語法不穩定現象

語法的不穩定現象尤其在高壓或敏感話題中明顯。例如在描述創傷事件或談及家庭衝突時，語句常見跳躍、斷裂或主詞缺漏，這些特徵反映語言系統遭受情緒能量干擾。語法錯位在此扮演如同心理裂縫的角色，使我們得以窺見潛藏於意識之外的情感痕跡。

語法混亂與心理防衛之間的張力

個體在處理內在衝突時，往往無法維持語言的整體一致性。心理防衛機制如否認、壓抑或合理化會滲透語句組織，使得原本線性邏輯出現破裂與迴避式語句。句法錯亂不僅展現在詞彙選擇，也深藏於語法架構的顛覆之中。

主詞轉換中的情感再定位

另一類常見的句法錯位是主詞的突變與置換，例如從「我覺得……」忽然變成「你知道的嘛……」或「其實大家都……」。這些主體切換往往不是敘述上的邏輯需求，而是心理上的情感卸責、情緒轉移或自我疏離機制。

情緒逃避語法與沉默的替代結構

當個體無法正面表達特定情緒時，常會使用模糊語法來包裝不願明說的內容。例如「也許某些事本來就不該發生」這類句型，實際上試圖模糊主體與責任，以語法混濁來逃避情緒直視。這種語法策略成為沉默的語言形式。

情境語法與語用偏誤的潛意識根源

在跨語境談話中，句法錯位常伴隨語用偏誤而出現。譬如一個人在非正式場合使用過於正式或冷靜的句法結構，這不僅是語言風格問題，更可能是潛意識試圖以語法建構心理距離，作為自我保護手段。

語法迴避與情感投射的互動

句法的選擇不僅反映語意策略，也隱含情感投射。例如將負面情緒外部化到語言對象：「這件事本來就讓人很煩」，其實是將「我覺得很煩」的感受轉化為更客觀、距離化的語句形式。語法錯位在此成為情感轉移的容器。

跨文化表達中的句法錯位與認同矛盾

對於雙語使用者與跨文化語境下的談話者而言，句法錯位往往更容易出現。這不僅源於語言結構的干擾，更與文化認同的不穩定有關。心理上對於「我是誰」的游移與張力，會在語法層面上投射為句型的左右失衡。

語法規則鬆動時的潛意識滲透

句法錯位最明顯的時刻，常是語言監控系統鬆動之時，如情緒激動、語速加快、焦慮升高等情境。此時潛意識更容易借用語法錯亂將壓抑內容釋放出來。誤說、斷裂與語尾拖延等形式，皆是語法鬆動的表現。

治療對話中語法錯位的辨識應用

心理治療師常透過語句分析來掌握案主潛意識動態。當案主在敘述中頻繁出現語法錯位、主體更替或句型混亂，這些細節皆可能指涉未說出口的情緒訊息。治療師可藉由溫和追問，讓語法裂縫處的心理能量獲得釋放。

語法錯位的心理學意涵總結

句法錯位不僅是語言技術上的失誤，而是潛意識干擾語言生成的具體跡象。透過對語序、主詞、情態與邏輯結構的細緻分析，我們可以理解語言背後的心理動力，進而辨識出個體情緒壓力、角色矛盾與自我防衛的潛在運作。

第十節　語言中的社會壓力反映

社會語境如何形塑語言錯誤

語言錯誤往往不只來自個體內在的心理衝突，也深受外在社會壓力的影響。個體在不同的社會情境下，會根據身分、地位、角色與期望調整語言表達方式。當這些壓力過大或角色不清時，語言便容易出現錯置、遲疑、閃爍與誤說等現象，反映潛意識在面對社會結構壓迫時的調適與反應。

社會期望與語言自我審查

在高社會期望的情境中，語言經常伴隨著自我監控。例如在公開演講、專業簡報或正式談判時，說話者會不斷自我修正、避免失言，導致語言斷裂、語速變慢或過度謹慎。這種過度自我審查正是社會壓力內化的表現，其間潛意識可能透過錯語或拖延策略「釋放」壓力。

身分角色不穩中的語言混亂

當個體的社會角色不穩定，例如初入職場的新鮮人、角色轉換中的家庭成員，或跨文化適應的移民群體，他們的語言表達往往出現語境錯亂、用語曖昧與結構偏移。這些錯誤並非知識不足，而是身分認同未定，導致語言使用缺乏重心與穩定。

社交壓力與語言緊張模式

在強烈社交壓力下，例如面試、第一次約會或重要匯報，語言表現經常失常。錯字、錯詞、句尾拖長或語意混淆的情況明顯增加，這些緊張型錯語可視為潛意識試圖同時維持自尊與減壓的產物。語言在此變成調節壓力的載體。

階級意識與語言自我矮化

階級意識也會滲入語言表達之中，特別是當個體處於權力結構中下層位置時，語言常會不自覺呈現自我矮化語氣，例如使用過度禮貌、避免主詞肯定、句式迂迴。這種語法與語氣的變形反映了潛意識對社會秩序的順從與焦慮。

性別角色壓力與語言遮掩

性別刻板印象亦會形塑語言錯誤。例如女性在表達權威立場時可能語調上揚、使用模糊詞彙以減弱直接性；男性則可能因「強者」壓力而避免談論情緒，導致語言表達內容單一、情感詞缺失。這些語言現象實則展現了潛意識對性別期待的適應與掙扎。

群體認同與語言從眾效應

在群體情境中，個體往往會調整語言以符合團體語碼。當這種從眾過度時，語言錯誤可能表現在詞彙重複、觀點模糊化、過度認同他人語氣。語言在此成為一種社會歸屬的工具，但也可能掩蓋個體真實感受，引發心理內耗與表達壓力。

多語與代碼轉換下的語言錯位

在雙語或多語情境中，代碼轉換 (code-switching) 是常見現象。當轉換過於頻繁或錯誤出現時，往往反映個體在文化認同、語言習慣與社會適應間的掙扎。這種語言錯誤不單是技術問題，而是心理與社會文化壓力交錯作用的結果。

教育規訓下的語言扭曲

長期受「正確語言」訓練者，在非正式情境中反而可能出現語言緊繃與創造力抑制。語言錯誤成為對規訓語法的下意識反抗，其模式如死板重組、僵化句式與無意識糾正，都透露出語言與社會規範的潛在衝突。

語言壓抑與沉默的社會結構

有些社會脈絡甚至強化沉默作為語言策略，如威權家庭、集權職場或壓抑文化中，個體為避免衝突或打破秩序，選擇不表達、語焉不詳，或用空話填充談話。這些語言錯誤表面無害，實則隱含潛意識的防衛與社會結構的再製。

從語言錯誤看見社會潛意識

語言錯誤不只是心理現象，更是社會語境壓力的心理回應。它們如同一張心靈與社會交會的地圖，揭示個體如何在結構性期待下調整語言，同時展露潛意識對壓力、角色與認同的反應。語言錯誤是潛意識與社會壓力共構下的訊號，是理解語言心理動力不可或缺的一環。

第十一節　笑話與口誤的邊界模糊地帶

笑話與錯語的心理交界

佛洛伊德在《詼諧及其與無意識的關係》中指出，笑話與口誤在心理結構上有著驚人的相似性。兩者皆涉及潛意識語言的介入，並藉由語意的出錯或語法的扭曲，讓被壓抑的內容以娛樂或錯誤的形式釋放出來。笑話的機制，是經過精巧包裝的語言錯誤。

笑話的語言滑移與心理隱喻

許多笑話依賴語言雙關、語序顛倒或語意錯置來製造幽默，而這些語言策略本質上與潛意識在口誤中所採取的技術類似。潛意識善於藉由語言滑移將隱晦的欲望或壓抑投射出來，笑話中的荒謬與誤語往往共用這種心理滑移。

語言機制與心理轉換的共構

無論是笑話還是口誤，兩者皆牽涉語言邏輯的短暫崩潰與重組。在笑話中，這種重組被視為創意；而在口誤中，則視為失誤。但從精神分析的視角來看，這兩者是潛意識用不同方式進入語言結構的展現。

笑話作為防衛機制的幽默包裝

笑話不只是娛樂工具，也是心理防衛機制的一環。當某個議題無法直接表達時，笑話便提供一個「可以說」的安全場域。這種語言形式與錯語相仿，皆為潛意識在壓力下的語言調節策略。

笑話結構中的欲望再現

心理分析認為，笑話是被社會禁止或壓抑的欲望經由語言變形後的呈現。這些笑話常以性暗示、階級衝突或禁忌話題為主題，其效果來自壓抑解除的瞬間釋放。同樣地，口誤也經常揭示類似的心理材料。

誤語與笑話的潛意識節奏

誤語的出現常不由自主，笑話則以類似節奏引導聽者進入語意錯亂的場域。兩者皆運用語言速度、斷裂與重複等技巧，使聽者或說話者在心理上瞬間產生「認錯」與「認知轉向」的經驗，形成心理放鬆與釋壓。

社會功能與笑語錯語的雙重表現

笑話與口誤皆具有社會性功能：前者促進社交連結，後者則可能造成尷尬或疏離。但兩者均是語言結構與心理動力交錯的產物，並在社會場域中產生不同層次的情緒效果。

語言違規中的潛意識暫停

笑話與口誤皆是一種語言規則的「暫時違規」。透過暫停、顛倒與跳躍，語言從線性邏輯短暫逃逸，讓潛意識內容趁隙而出。語言的不穩定正是心理真相可能顯現的時刻。

治療情境中的笑話與錯語解讀

在心理治療中，案主偶爾會以笑話形式說出難以直言的情感；也可能以錯語方式透露潛意識訊息。治療師若能辨識笑話背後的壓抑內容，或察覺錯語中的情緒投射，將有助於深入理解個體的心理防衛與情緒動力。

社會壓抑與笑話錯語的文化交叉

在文化壓抑強烈的社會中，笑話與錯語常成為言說禁忌議題的唯一出口。這些語言形式在表面上的輕鬆幽默之下，實則隱含集體潛意識中的焦慮、壓抑與反抗。笑話與錯語在此扮演了文化壓力的調節器。

語言錯誤與笑語的心理學總結

笑話與口誤的邊界，其實是潛意識語言活動的兩種表現形式。前者用幽默包裝真實，後者則以錯誤顯現壓抑。當我們從心理分析角度來閱讀這些語言現象，便能理解語言錯誤背後的欲望、焦慮與潛在訊號，並進一步探索語言如何構成我們理解世界的方式。

第十二節　潛意識敘事的語言痕跡

敘事是潛意識的語言延伸

佛洛伊德與後續的精神分析學派指出，個體的自我敘述往往不只是對經驗的重述，而是無意識內容滲入語言結構的結果。所謂「潛意識敘事」，即為個體在講述自我經歷時，夾帶了壓抑、矛盾與未解情緒的語言組織形式，這些敘事痕跡並不直接可見，而需透過語言分析加以辨識。

敘事中語句重複的心理線索

當個體在談話或書寫中反覆提及某一主題或句型時，這些語言重複常常反映心理上的未解焦點。潛意識的未完成業務會在語言中以重複節奏「敲門」，提醒意識有某些部分尚未處理。這類重複既可能是創傷的殘響，也可能是壓抑情緒的暗示。

語言斷裂與敘事空白

在心理敘事中，語言斷裂或情節空白經常出現在情緒高張或創傷相關的敘述段落中。個體可能突然停頓、語意跳躍或以模糊語句替代具體情節。這些語言上的不連貫，正是潛意識為了保護自我而架設的語言屏障，也是分析潛意識敘事的重點區段。

隱喻與轉喻的無意識敘事功能

敘事中的隱喻與轉喻是潛意識敘述慣用的語言形式。當直述內容難以承受時，潛意識會將真實情感「轉喻」為其他事件或人物，例如把自己與母親的衝突轉述為「最近跟上司處不好」。這些替代敘述不僅讓情感得以間接表達，也讓壓抑情緒可被接納。

事件順序的倒錯與心理時間

敘事中若發現事件順序被扭轉，例如先談後果再談原因，或明明是近期事件卻以童年語氣講述，往往反映出潛意識在主導時間結構的重組。心理時間不同於歷史時間，它遵循的是情緒邏輯而非事件先後，這種錯置正是潛意識語言的重要線索。

敘事視角變動與情緒角色轉移

在講述經驗時，敘事者若不自覺地改變視角，例如從第一人稱轉為第三人稱，或使用「你知道嗎」、「有人就會覺得」來談論自身經歷，可能正透露出自我疏離與情緒轉移的心理現象。這種敘事視角的錯置，是潛意識防衛機制的語言表現。

敘事節奏中的壓抑頻率

敘述節奏的變化也可作為心理狀態的指標。當敘事者在某些段落語速明顯加快、跳過、模糊化或語意簡略時，往往與潛意識欲加快掩蓋情緒焦點的衝動有關。相對地，在無壓情節中敘述則清晰、連貫，節奏也更穩定。

敘事語言中的自我分裂現象

有些人在敘述自我經驗時，會使用雙重主體或語言矛盾語句，例如「我知道我不該這樣想，但我就是……」這類語言片段顯示自我在潛意識內部分裂狀態中掙扎，語言成為心理張力的映射。

語言失衡與內在秩序的錯位

敘事中語意不對稱、句式混亂或用詞反覆，皆可能是個體在壓抑情緒與欲望時所產生的語言失衡表現。這種語言上的不對稱顯示潛意識試圖掌控語言敘事，但又與意識層面的邏輯秩序衝突，因此形成說話的偏移與錯置。

潛意識敘事的文化結構投射

敘事不僅反映個人心理，也會帶入集體文化與社會角色。潛意識往往依附文化語碼建構敘事樣態，例如以「孝順」

包裝對父母的矛盾情感、以「努力」隱藏對成功的焦慮。這些文化性詞語在敘事中扮演心理包覆與語言扭曲的雙重角色。

心理治療與潛意識敘事的應用

在心理治療中，案主的自由敘事是潛意識呈現的重要管道。治療師可透過語言斷裂、主題重複、敘事錯序與語氣變化等分析，掌握案主內在未說出的情緒與衝突。這種敘事解碼是理解心理困境與促進整合的有效技術。

敘事語言中的潛意識痕跡總結

潛意識敘事是一種語言形式的心理表達。透過敘述過程中語意偏移、語句錯置、節奏變異與情緒壓縮，我們能洞察潛藏在自我敘述背後的壓抑、欲望與矛盾。語言在此成為心理現象的記錄儀，也為理解個體與世界互動的內在結構提供深層線索。

第二章
記憶的心理拼圖：無意識的遺忘與重構

第一節　錯置記憶的心理地圖

記憶的可塑性與錯置現象

心理學研究顯示，記憶並非靜態儲存，而是一種具有高度可塑性的動態重構。錯置記憶（misattributed memory）即是此一現象的代表，指個體將某一記憶的來源、時間或情境錯誤連結，導致對事件內容的錯誤認知。這不僅是記憶的缺陷，更揭示了潛意識在記憶建構中所扮演的關鍵角色。

潛意識如何重新編排記憶

佛洛伊德在其理論中強調，壓抑與替代是記憶重組的核心機制。當一段經歷帶來強烈情緒衝突時，潛意識會重新包裝此記憶，使其錯置於其他較無威脅的時空背景中。這種錯置有時會讓人誤以為某事件發生在童年，或將他人經驗錯認為自身經歷。

情緒強度對記憶錯置的推波助瀾

情緒與記憶密切相關，特別是高強度情緒狀態下形成的記憶更容易被潛意識重新編碼。例如創傷經驗常被誤植為「做過的夢」，或者在日常對話中以間接方式描述。這種錯置記憶雖非虛構，卻深受情緒調節與心理防衛的共同作用。

錯置記憶的神經科學基礎

根據神經心理學家丹尼爾·沙克特（Daniel Schacter）的研究，錯置記憶是長期記憶提取時的「來源監控錯誤」，涉及前額葉與海馬迴的互動失調。這與潛意識的干擾相互呼應，顯示記憶系統不僅受到神經機制影響，也與心理動力密切交織。

社會記憶與敘事錯置

個體的記憶往往在與他人互動中被重塑。當特定情境或群體敘事被反覆強調時，個人可能會將其內化為自身經歷。例如在家庭中常被提及的故事，可能被記成自己的回憶，即使實際上當事人並不在場。這種現象反映了社會記憶對個人記憶構成的深遠影響。

替代性記憶與錯置的邊界

替代性記憶是指以另一段記憶來填補真實事件的遺忘部分，其與錯置記憶在心理結構上高度重疊。兩者皆來自潛意識對創傷、衝突或羞辱的調整與防衛策略，目的不在於編造虛假記憶，而是以心理可接受的方式保存經驗痕跡。

錯置記憶的夢境再現模式

夢是潛意識活動的核心場域，也常成為錯置記憶的投射之地。許多個體夢到的事件實則是現實中發生但被錯置的經歷，透過夢境重新排序與象徵轉化。夢中的時間扭曲與情境融合，是錯置記憶的另一種敘事形式。

認知偏誤與錯置記憶的擴散效應

人類記憶常受到既有信念與認知偏誤影響。例如：一旦我們對某人產生負面觀感，便可能將過往與其互動中中性的事件重塑為不愉快經驗。這種「情緒染色效應」導致記憶被重新編碼並錯置情緒色彩，是潛意識選擇性重組記憶的實例。

心理治療中的錯置記憶識別

在心理治療中，案主對特定事件的描述若出現時間混淆、情境錯亂或角色顛倒等現象，治療師需敏銳察覺可能涉及錯置記憶。透過探問細節與追蹤敘事邏輯，可幫助案主辨識記憶的來源與性質，進而理解其背後的心理運作。

錯置記憶與情感修復之間的橋梁

儘管錯置記憶可能造成誤解或困擾，但在心理學角度看來，它也是情緒修復的一種方式。透過將創傷事件錯置至較能接受的架構中，個體得以維持自尊、減少焦慮，並創造出情感上可處理的內在敘事空間。

記憶錯置的心理地圖總結

錯置記憶不應僅被視為「錯誤」，它是潛意識與意識協商下對情緒與經驗的重新定位。透過探究錯置記憶，我們得以看見記憶與身分、自我與他人、情緒與真實之間如何彼此重疊與辯證，從而勾勒出潛意識記憶地圖的深層輪廓。

第二節　壓抑機制與選擇性遺忘

壓抑作為潛意識的核心機制

在佛洛伊德的理論架構中，壓抑 (repression) 是防衛機制的基礎。當某些經驗帶來過度痛苦、羞恥或衝突，意識便會啟動壓抑機制，將這些內容排除在表層意識之外，儲存於潛意識深處。壓抑機制的啟動不僅是情緒自衛的反應，也是個體為了維持內在穩定而進行的心理調整。

選擇性遺忘的心理動力

選擇性遺忘指的是個體對特定資訊的有偏向性遺忘。這些被遺忘的內容往往與心理創傷或強烈情緒關聯。研究指出，這類遺忘並非記憶缺失，而是潛意識有目的地遮蔽，使得個體能夠避免情緒困擾與心理失衡。

記憶的壓抑與回憶的矛盾性

壓抑與回憶存在結構性的衝突：一方面潛意識避免回想痛苦內容，另一方面意識在追求自我完整時又渴望回憶缺失片段。這種心理拉鋸使得回憶常以破碎、象徵或轉化的形式出現，形成潛意識中的記憶「幽靈」。

神經科學觀點下的壓抑

當代神經影像研究發現，刻意遺忘某些資訊時，大腦前額葉會活化以抑制海馬迴的活動，此機制與壓抑概念相吻合。實驗顯示，情緒性記憶的抑制涉及高度認知控制，並非單純遺漏，而是一種結構性拒絕。

壓抑記憶的情緒洩漏現象

即使壓抑記憶未被清晰回想，其情緒能量仍可能在其他形式中洩漏。常見如情緒爆發、焦慮失眠、身體症狀或與事件無關的強烈情感反應。這些現象提示潛意識記憶依舊活躍，只是換了一種語言與身體說話。

夢境與壓抑內容的對話

夢境被佛洛伊德視為潛意識的舞臺，壓抑記憶經常以象徵性形式出現在夢中。無論是隱喻圖像、倒錯情節或象徵性角色，夢境都是選擇性遺忘的記憶在語言與意象層面的再現。

選擇性遺忘的社會化面向

在特定文化或家庭中，某些經驗被系統性地禁忌、壓制或美化，個體為了維持歸屬感，往往會選擇性遺忘與此矛盾的記憶。這些壓抑不再只是心理事件，而是社會結構滲入記憶的表徵。

情緒調節與記憶篩選機制

壓抑與遺忘可被視為一種情緒調節策略。當回憶造成情緒過度波動時，心理系統會自動選擇將其壓低，以維持功能性穩定。這類篩選並非完全抹除，而是將資訊存放至心理深層，等待更可承受的時機再度浮現。

自我認同與記憶壓縮現象

為維持穩定的自我形象，個體常會下意識「壓縮」那些不符合現有自我敘述的記憶。例如曾有失敗經驗者，在重述人生歷程時會選擇性地模糊該段內容，使記憶與現實的距離符合心理需求。

壓抑記憶的復現契機

壓抑記憶可能因外在事件、情境觸發或心理治療過程中重現。這些復現有時劇烈且不易掌控，帶來強烈情緒反應。因此心理學家強調，重建這類記憶需在安全環境中進行，避免重創與誤導。

壓抑與遺忘的心理學意涵總結

壓抑與選擇性遺忘構成記憶系統的重要調節機制。它們讓人得以在創傷與壓力中存活，卻也可能在日後影響情緒、關係與自我理解。理解這些心理機制，不僅有助於辨識情緒困境的來源，也提供心理療癒的切入點與路徑。

第三節　錯誤聯想與潛意識混合

錯誤聯想的心理邏輯

錯誤聯想（false association）是潛意識在記憶、語言與情緒之間錯置連結的心理現象。當大腦在回憶、命名或陳述時，將無關事物錯誤地綁在一起，往往不只是記憶失誤，而是潛意識藉由語意連結與象徵轉換的方式，重新編碼經驗與情緒的表現形式。

潛意識混合的形成過程

潛意識混合是指不同層次的情緒、記憶或角色，在語言或認知活動中彼此交錯出現。這些混合可能在無意識中形成錯誤記憶、誤認主體，或在故事重述中產生角色混淆。例如：將某次職場爭執的感受錯投到童年事件上，形成似真似假的經驗敘事。

認知科學對錯誤聯想的補充說明

現代認知心理學指出，人腦在進行記憶提取時，依賴語意網絡與情境提示。當兩個記憶在結構上過於接近，或受到情緒調節的介入，就容易產生交叉連結與誤提取，這正是錯誤聯想的神經基礎。

夢境中的混合式象徵語彙

在夢境中，錯誤聯想與潛意識混合尤為顯著。夢的圖像經常將多個現實人物合併為一人、將不相關地點疊合為一場景，這些都是潛意識對情緒與欲望的整合式表達。夢的這種混合語法，呈現出潛意識以象徵邏輯運作的能力。

語言錯誤中的潛意識拼貼

語言錯誤如口誤、誤名與誤唸，也常出現錯誤聯想與潛意識混合的情形。例如將兩個不同的人名混合說出，或在緊張情緒下將詞語顛倒、合併，這些語言片段往往是情緒能量與心理防衛在語言場域的即時碰撞。

情緒扭曲下的記憶混合現象

強烈情緒可能造成記憶混合，例如憤怒時將過去多次受挫情境混為一體，進而產生誇張或失真的敘述。潛意識將這些經驗壓縮、混合與再演，目的是在語言中重建自我防衛的系統。

身分認同中的混合錯覺

在身分認同危機或變動期，錯誤聯想可能將他人語錄、外界評價或過去經驗錯植為自身特徵。例如：一個從小被批評懶惰的人，在面對新挑戰時可能會錯誤聯想到「我本來就不行」，這類混合語句反映了潛意識如何干擾現實評估。

錯誤聯想與創傷防衛的交集

創傷後的心理反應常包含錯誤聯想。例如某音樂、氣味或聲音觸發原本壓抑的記憶，個體便可能將新的情境錯認為過去情境的延續。這種防衛性錯誤聯想，是潛意識嘗試警戒自我、避免再次受傷的策略。

治療現場中的錯誤敘事重組

在心理治療過程中，案主常出現混合性記憶與錯誤聯想的語句，治療師可透過對細節的辨識與語境還原，引導案主將不同來源的記憶與情緒拆解，從而重建敘事的邏輯性與真實感。

錯誤聯想與集體潛意識的重疊區

在某些群體或文化中，錯誤聯想可能反映整體潛意識結構，如將權威等同壓迫、將愛情與犧牲混淆等。這些混合印象廣泛出現在大眾敘事與文化產物中，成為集體潛意識的語言表現。

心理學對錯誤聯想的解碼意義

錯誤聯想與潛意識混合雖源於記憶錯亂與情緒糾結，但其所傳遞的心理訊息極為關鍵。它揭示了心理防衛的方式、情緒的隱藏邏輯與個體如何面對過去與現在的情感衝突。透過這些語言痕跡的辨識，心理學得以更深入地解析潛意識的運作結構。

第四節　替代性記憶的重組邏輯

替代性記憶的心理生成

替代性記憶（substitute memory）是指在原始記憶模糊、壓抑或情緒負荷過高時，個體在潛意識中以類似但心理上可接受的事件或情節取代之。這種記憶的重組並非蓄意編造，而是潛意識對真實經驗所做的情感轉換與結構重建。

佛洛伊德對記憶替代的詮釋

佛洛伊德早在〈詩人與白日夢〉（*Der Dichter und das Phantasieren*）一文中即指出，人們所記得的童年場景常非事件本身，而是對事件的象徵替代。這些替代性記憶通常保留了原始事件的情緒輪廓，卻在圖像與敘事上發生顯著轉換，使其既可被「回憶」，又不至於造成心理創傷。

認知機制中的重組作用

當代認知心理學認為，記憶在提取過程中即是一種重組。在資訊缺失或情緒干擾的情況下，大腦會自動填補空白，形成替代性內容。這種記憶拼貼作用，在潛意識中尤為常見，因其不受意識監控，更容易混入象徵、幻想與情感潛流。

替代記憶的結構層次

替代性記憶通常具有三層結構：首先是真實事件的情緒核心，其次是類似事件的經驗層，最後是由潛意識生成的敘事補丁。這三層結構交疊融合，使得替代記憶在情感上具有真實性，在語言上則表現出迂迴與曖昧。

替代記憶與心理防衛的功能性

潛意識使用替代記憶作為一種防衛機制，以避免創傷內容進入意識層面。透過轉換事件角色、時間或空間背景，替代性記憶為個體提供情緒保護，讓壓抑得以持續，同時保留經驗的某種「精神殘影」。

夢境中替代記憶的再現

夢境是潛意識進行替代記憶重組的重要場域。在夢中，過去事件往往以轉喻形式出現，例如將家庭衝突轉化為無名的追趕、將羞辱經驗轉譯成身體變形。這些夢境並非無意義，而是潛意識正在語言與象徵中重組替代敘事。

替代記憶與創傷敘事的疊合

在創傷後敘事中，替代性記憶尤其常見。當個體無法直接敘述創傷核心時，往往透過其他事件的描寫進行情感傾訴。例如談論校園壓力時實則是在隱喻家庭暴力。這種敘事上的替代使得創傷得以被「間接說出」。

文化語境中的替代性敘事

在特定文化與家庭系統中，某些經驗無法被直言。此時，替代性記憶便成為潛意識的語言策略。以「小時候常常生病」來代指長期情緒忽視，以「我總是很努力」來掩蓋持續的壓抑與被動。這些語言修辭實為心理防衛的文化表現。

替代性記憶與自我認同的調節

替代性記憶不僅重建過去，也重塑當下的自我形象。當某段記憶與自我敘事不符時，潛意識便可能生成更具一致性的替代版本，使個體的自我感維持穩定。這種重組策略對心理平衡具有強大的調節力。

心理治療中替代記憶的辨識

在心理治療場域中，治療師需具備辨識替代性記憶的敏感度。當案主敘事中出現過度合理化、細節模糊或情緒與內容不對稱時，往往指涉潛在的替代記憶。透過探問象徵、連結情緒與敘事模式，有助於引導案主回溯真正的心理來源。

替代記憶的解構與心理整合

替代性記憶本身並非病態，而是一種適應性反應。然而當其遮蔽過多真實經驗時，可能造成心理分裂與自我錯認。透過逐步解構這些敘事替代物，個體可重新接觸被壓抑的情感，進而整合記憶與情緒經驗，達成更完整的心理自我。

替代記憶重組的心理學意涵總結

替代性記憶是一種潛意識為了自我保護與情緒調節所生成的心理產物。其既反映潛意識的防衛機制，也顯示出語言與情感在記憶建構中的動態互動。理解替代記憶的重組邏輯，對於心理療癒、記憶重整與情緒整合皆具有關鍵意義。

第五節　潛意識中的時間錯亂

記憶中的時間並非線性

從意識的角度來看，時間具有線性順序——過去、現在、未來。但在潛意識中，時間卻是一種非線性、非邏輯的經驗。佛洛伊德早已指出，潛意識不認識時間的先後秩序，情緒與記憶可以在任何時刻被重新啟動、再現與重寫，彷彿昨日重現。

情緒強度主導時間排序

在潛意識中，事件的重要性與其發生時間無關，而與情緒強度密切相關。一個童年的羞辱經驗可能在成年後的某一個不經意時刻被喚起，其心理重量甚至凌駕當下現實事件。這種情緒主導的排序，顛覆了線性時間的邏輯架構。

創傷記憶的時間停滯現象

創傷經驗是潛意識時間錯亂最明顯的展現。創傷事件往往未被有效整合至時間序列中，因此在心理結構上形成「時間膠囊」，隨時可能被重新啟動。案主常會說：「我覺得那像昨天發生的事」，即為心理時間凝結的明證。

認知失序與時間混淆

當壓力、焦慮或情緒負荷過大時，個體的認知系統容易失序，時間感變得模糊。人們可能會混淆事件先後、誤記年分、甚至將兩段不相連的經歷重組為一體。這種錯亂正是潛意識介入記憶系統的表現，讓語意記憶與情緒記憶彼此交纏。

夢境中的時間重組邏輯

夢境是潛意識操控時間的最佳範例。在夢中，時間經常被壓縮、扭曲或重組：童年場景與未來想像共存、一瞬間橫跨數年人生。這種不依時序的結構揭示出潛意識的敘事語法與情緒編碼方式。

潛意識敘事中的時間跳接

在案主的敘事中，常見一種現象：說話者忽然從現在跳回過去，再跳至另一個階段，語言中出現未加說明的時間跳接。這些非線性敘述往往源自潛意識語言在重建心理地圖時，依據情緒節點而非事件順序來組織內容。

解離經驗與時間錯覺

在強烈創傷或情緒斷裂的情境中，個體可能出現解離狀態，導致對時間的感知失真。這包括「時間變慢」、「時間消失」、「不確定自己在哪一年」等現象，反映出心理結構中的時間系統遭受干擾。

投射性回憶與時間誤配

投射性回憶是一種將當前感受錯置於過去事件的現象。例如在描述童年時使用成年語彙、以當下情緒編寫過往經驗，顯示潛意識正試圖以新的心理語言重構過去。這種記憶重組常導致心理時間錯配。

情感記憶的非時間性

情感記憶的回溯並不遵守邏輯時序，而是以情緒牽引為主軸。當個體想起一段關係，可能是因為當下的孤獨感，而非事件本身。這顯示潛意識運作下的時間軸並非由「發生順序」組成，而是由「情緒連結」構成。

語言片段中的時間錯亂徵象

在敘事語言中，動詞時態混淆、時間副詞錯置與描述的時間矛盾，皆可能是潛意識時間錯亂的語言表現。這些語言錯誤並非語法問題，而是心理記憶系統在重組經驗時的線索，提示分析者注意時間結構的鬆動。

心理治療中的時間重建工作

治療中重要的任務之一，是協助案主建立清晰的時間感。這不僅有助於整合記憶，更讓創傷得以被安全地安放於過去，而不再不斷侵入當下。透過重建時間敘事，案主能回收內在秩序，穩定自我感。

潛意識時間結構的心理學意涵總結

潛意識中的時間運作與意識層面的時間邏輯大不相同。它依據情緒、創傷與防衛機制來排序與組織經驗。理解這種非線性的時間結構，有助於我們更深入地看見記憶、情感與自我敘事之間的複雜糾纏，進而為心理療癒建立更貼近內在節奏的敘事基礎。

第六節　心像與記憶的交錯編碼

心像的心理學定義與分類

心像 (mental imagery) 是指人們在無實際感官刺激下，在心理上產生的視覺、聽覺、動作、情緒等模擬感受。心理學界將其分類為視覺心像、聽覺心像、動覺心像與情緒心像等。這些心像在個體建構記憶與經驗時，扮演不可或缺的橋梁角色，特別是在潛意識運作中，心像往往是情緒記憶的第一表現形式。

心像與記憶儲存的神經機制關聯

神經心理學研究指出，心像與記憶使用相似的大腦區域。視覺心像涉及枕葉，聽覺心像涉及顳葉，並與海馬迴在記憶提取中的功能密切相關。這表示人們在回憶時，其實也在重建一段心像，而非單純調用原始資訊。這種交錯編碼機制讓潛意識得以重塑經驗圖像，而不被現實所局限。

心像如何形成記憶錯置

當個體使用心像來補足記憶空缺時，潛意識會依據情緒線索創造出「好像曾發生過」的圖像，這容易導致記憶錯置。例如：在描述童年經歷時，個體可能援引電影、照片或他人敘述所構成的心像，誤以為那是自己親歷過的畫面。

情緒心像與記憶印象的黏著效應

心像具有高度情緒張力，特別是與恐懼、羞愧、失落等情緒交纏的影像，更易被記住。這些心像會與真實記憶交錯存取，甚至主導回憶內容，使得回憶被情緒色彩「染色」，而非事實為基礎。

心像重組與記憶幻想的邊界

心像與幻想雖密切相連，但在心理學上有本質區別：前者常以現實經驗為基礎，後者則更多為意識創造。然而在潛意識中，這兩者邊界模糊。特別在創傷事件中，記憶空缺常被心像填補，而這些心像又可能演變為幻想，進一步強化錯誤記憶的真實感。

心像語言與記憶敘事的交錯

在敘述自身經歷時，個體常使用高度心像化的語言，例如「我記得她眼神很冷」、「那聲音一直在腦海裡迴盪」等。這些語言片段不僅表達情緒，也透露潛意識如何將內在心像編碼為敘事結構的一部分，使記憶更具畫面性與感染力。

心像在夢境與記憶中的雙重角色

夢境往往由心像構成，透過象徵、誇張與變形呈現記憶的變奏版本。夢中的心像雖看似無邏輯，實則蘊含深層情緒與壓抑經驗，為潛意識提供一種非語言的敘事方式。這些夢境心像可轉化為日常回憶中的背景色彩，潛移默化地塑造對事件的認知。

心像與創傷記憶的再現邏輯

創傷經驗的再現多數以心像形式出現。個體可能在特定聲音、氣味、畫面下瞬間激發強烈心像，帶來創傷情境的重演。這種現象稱為創傷性重現（traumatic re-experiencing），是心像與潛意識記憶強連結的具體展現。

心像在心理治療中的轉化角色

治療中，透過引導案主描述心像，可以觸及其潛藏記憶與壓抑情緒。例如：引導案主回想一個「熟悉的房間」畫面，往往能開啟童年記憶與依附經驗的討論。心像在此不只是記憶輔助工具，更是深入潛意識的心理介面。

心像誤導的認知風險

雖然心像有助於情緒處理與記憶統整，但亦可能成為錯誤記憶的來源。過度依賴心像建構回憶，可能導致自我敘述偏離現實，尤其在具暗示性或高情緒引導的場景中，容易形成虛構記憶。

心像與記憶交錯的心理學總結

心像是潛意識與記憶系統之間的橋梁，承載情緒、象徵與意義。其在記憶儲存、提取與敘述中發揮關鍵作用，既可能補足遺忘，也可能誤導認知。理解心像與記憶之間的交錯編碼，有助於我們更清楚掌握自我敘事的結構與心理動力。

第七節　記憶的抹除與情緒自衛

潛意識的「選擇性刪除」機制

在遭遇重大情緒創傷或心理衝突時，個體往往會出現「什麼都不記得了」的現象。這種看似遺忘，其實是一種潛意識主導下的「選擇性抹除」，意圖保護個體免於情緒崩潰或自我形象瓦解。心理學家稱之為「功能性遺忘」，它不僅是防衛機制的展現，也可能成為壓抑的開端。

抹除與壓抑的差異

雖然記憶抹除與壓抑常同時出現，但兩者在心理運作上略有不同。壓抑是將記憶推入潛意識深處，而抹除則是將其在語言與意象層面「去編碼」，使其無法進入意識層。這種「語言遮蔽」的狀態造成案主無法明確描述事件，但其情緒反應卻依然存在。

情緒自衛系統的調節功能

情緒自衛不僅是反射性的反應，也是一種心理調節機制。當一段記憶可能引發強烈焦慮、羞恥或罪惡感時，情緒自衛系統會啟動認知閉鎖、語言斷裂、記憶塗改等過程，以維持心理穩定。這些過程雖短期有效，但若持續過久，將導致記憶系統長期不穩。

語言空白與回憶盲區

個體在回憶過去時若使用「那段時間我真的沒什麼印象」、「我完全不記得了」等語句，可能代表某段記憶已被潛意識「去語言化」。這種語言空白不等於資訊不存在，而是潛意識暫時關閉該記憶區塊的輸出權限。

事件碎片化與記憶片段保留

即使潛意識啟動記憶抹除，仍有部分情境細節或感官記憶會殘留，如味道、聲音、身體反應等。這些「記憶碎片」常成為未來創傷重現的觸媒，也為心理治療提供重建敘事的入口。

抹除記憶與解離症狀的交集

在重度創傷中，抹除記憶可能伴隨解離症狀，如時間感喪失、身體感知中斷、情緒與行為脫節等。此時個體即使表面正常運作，內在卻可能處於極端分離狀態。這種心理斷裂使記憶儲存與情緒歷程無法有效整合。

潛意識中的「偽空白區」

某些「遺忘」其實是潛意識故意建構的空白區。個體表面上對某段歷史毫無所知，實則潛意識已將其轉化為其他形式，如夢境、症狀或人際模式。這些偽空白的存在，是潛意識智慧調節情緒傷口的證據。

情緒自衛與「記憶過濾器」

潛意識會根據個體當時的心理承受力，自動過濾記憶內容。例如：在家庭暴力情境中，孩子可能記得餐桌、窗戶聲音，卻遺忘施暴者的臉。這種過濾是一種情緒自衛的選擇性編碼過程，是對心理傷害的最直接回應。

心理治療中的抹除辨識

在心理治療過程中，治療師需留意案主話語中的記憶空缺、語意模糊、情緒與敘事不一致等訊號。這些特徵可能暗示抹除機制正在運作。透過安全的環境與適度引導，案主可逐步靠近被抹除的記憶核心，完成情緒的修復歷程。

記憶抹除的功能與代價

記憶抹除在急性心理壓力下具有保護作用，但長期來看，卻可能引發重複創傷、情緒失調與人際困難。個體在失去對特定經驗的語言描述能力後，也將失去處理與整合這段經驗的可能性，導致內在世界碎裂。

抹除與修復的心理學總結

記憶抹除並非「失憶」，而是潛意識精細調節自我防衛的結果。透過辨識語言斷裂、情緒殘影與記憶盲區，我們可以理解潛意識如何保護個體，也能在治療中提供進入核心創傷的通道，使記憶得以被重新接納與整合。

第八節　不一致記憶的認知矛盾

記憶不一致的現象與來源

在回憶某一事件時，個體可能產生自相矛盾的記憶片段，例如明明記得自己當時很平靜，卻也模糊記得哭得很厲害。這類「記憶不一致」的現象，常常源於潛意識中相互衝突的情緒經驗與心理防衛機制，是潛意識運作在記憶重建過程中留下的痕跡。

潛意識與雙重敘事的並存

不一致記憶經常以雙重敘事的方式出現，案主可能在一次對話中描述某事件很「正常」、但隔天卻提到「當時真的很受傷」。這種敘事錯位並非說謊，而是潛意識中不同情緒面向尚未整合的結果，是情感分裂在記憶中的語言表現。

情緒衝突與記憶的雙重編碼

當事件同時引發正負兩種情緒，潛意識可能為其建立不同版本的記憶檔案。例如：一段戀情中的甜蜜與背叛可能各自被存為獨立記憶，在不同情境下被啟動。這種雙重編碼可造成時間錯序、情感疊加與認知混亂，是情緒矛盾的內在表徵。

記憶偏誤與自我形象維護

個體為維持穩定的自我認同，往往會重新詮釋記憶中的情節。當現實與理想自我不符時，記憶可能會被「改寫」，產生不一致的敘述。例如：原先承認犯錯的記憶，在自尊威脅下會被轉為合理化版本，導致回憶產生斷層。

時間與空間錯亂的心理效應

不一致記憶常伴隨時間與空間的混淆。例如：個體可能將兩件事合併敘述，或將不同地點的事件混為一談。這些錯亂不只是記憶容量錯誤，更反映出潛意識對事件的情緒定位混淆，使記憶結構呈現模糊與偏移。

語言重組與矛盾自白

案主在敘事中常出現「我知道這樣說很奇怪」、「我好像記錯了」等語言標籤，顯示其語言正在努力調解內部矛盾。這些語言的重組與修正，是潛意識與意識在整合記憶過程中的過渡狀態。

不一致記憶的文化維度

在強調和諧、避免衝突的文化中，個體更容易產生不一致記憶。例如：對父母的愛與怨恨無法並陳時，回憶便會碎裂為數種「版本」，分別表達不同社會期待與內心情緒。文化框架在此提供了記憶矛盾的生成環境。

認知失調與記憶衝突的交會點

認知失調理論指出，當個體的信念與經驗不一致時，心理會傾向調整其中之一以恢復一致性。這一調整經常反映在記憶上，如將不合宜的經驗弱化或遺忘，產生選擇性記憶，進而製造出表層看似合理、實則矛盾的敘事。

記憶自我修補的動態過程

不一致記憶的出現也可視為一種心理修補機制。個體透過多版本記憶來面對尚未整合的情緒衝突，為自我提供過渡的認知結構。這種修補雖非長久解決之道，卻有助於在高壓情境中維持心理穩定。

心理治療中的記憶重整技術

在治療歷程中，辨識案主敘事中的不一致性是一項關鍵技術。治療師需引導案主逐步辨識敘事中的衝突點，並協助其將情緒與經驗整合，使記憶由分裂走向連貫。這種整合並非修正過去，而是重新建立對經驗的心理理解。

不一致記憶的心理學意涵總結

不一致記憶並非病態現象，而是潛意識調節情緒衝突、維持自我穩定的自然機制。透過理解其產生邏輯與語言表徵，我們得以看見個體內在世界的矛盾結構，也為治療與自我理解提供關鍵線索。

第九節　遺忘與創傷反應的連結

遺忘作為創傷反應的一環

在創傷事件發生後，個體可能出現部分或完全遺忘的現象。這種遺忘並非記憶力的衰退，而是一種心理防衛機制，用以抵抗創傷帶來的情緒過載與內在混亂。此類遺忘與創傷反應密切相關，是潛意識為保護自我所採取的暫時隔離策略。

創傷性遺忘的心理學解釋

佛洛伊德在探討壓抑機制時已指出，創傷記憶會因為其情緒強度而被潛意識封存。現代創傷心理學延伸此觀點，指出創傷事件常因未能語言化，僅以感官記憶或心像方式殘存，導致事件本身「被忘卻」，但其情緒影響卻長期存在。

情緒風暴下的記憶屏障

當創傷事件引發強烈的恐懼、羞辱、無助感等情緒時，腦部的杏仁核與前額葉皮質活動會改變，影響對事件的編碼與儲存。研究發現，這種生理反應會造成記憶形成中斷，使得事件進入記憶系統的過程被切斷或中途斷裂，成為記憶的空白區段。

記憶空白與身體反應的錯位

許多創傷倖存者表示「我什麼都不記得，但我身體會反應」，例如在特定聲音或氣味中感到焦躁、顫抖或無法控制的哭泣。這種現象即為情緒記憶與語意記憶分離的結果，遺忘了事件內容，卻無法遺忘當時的身體與情緒經驗。

解離性遺忘與多重防衛層次

在重度創傷中，個體可能進入解離狀態，產生時間、身分與事件感的斷裂，導致片段記憶消失。這種解離性遺忘不是單一防衛機制，而是多重心理屏障的結果，包含否認、切割、抹除與再建構等層次。

夢境中的創傷記憶再現

被壓抑的創傷記憶常在夢境中重現，雖非原貌呈現，卻以象徵性圖像、模糊場景或不明情節呈現。這些夢境形式的記憶，正是潛意識在封存與釋放之間擺盪的具體證據，也是創傷治療中重要的分析入口。

記憶復原的觸發點

創傷記憶雖被遺忘，卻常被特定的環境刺激重新啟動，如熟悉聲音、氣味、肢體姿勢或他人敘述。這些觸發點將潛意識中的記憶殘影拉入意識層，形成強烈情緒反應甚至創傷重現。了解這些觸發機制，有助於協助個體建立自我保護策略。

創傷記憶的碎片重構

在治療過程中，案主常以片段形式回憶創傷經驗，如「我只記得門很重的聲音」、「那天很冷」，卻無法講述完整事件。這些碎片記憶透過治療師引導與語言拼貼，有可能逐步重建情緒敘事與時間結構，完成心理整合。

情緒封鎖與敘事遺缺

創傷遺忘常造成敘事上的空白與斷裂，案主可能無法以語言描述那段經歷，即便意識層面知曉事件存在。這種語言失語狀態正是情緒封鎖的產物，需透過非語言表達（如繪畫、比喻、身體感知）逐步開啟記憶之門。

治療歷程中的記憶回收

創傷記憶的回收並非線性進程，而是伴隨重複進出、模糊與清晰交錯的動態過程。心理治療提供一個可承載痛苦的安全場域，使案主得以容許記憶的重現與修復，重新為記憶與情緒建立可語言化的橋梁。

創傷遺忘的心理學意涵總結

創傷與遺忘之間的關係，不只是事件與記憶的斷裂，更是情緒與語言間的分離。透過理解創傷性遺忘的心理結構與復原歷程，我們得以看見潛意識如何為了生存與穩定而選擇遺忘，也學會如何在安全與信任中重新接納那段曾經消失的記憶。

第十節　童年經驗與情緒迴路

童年經驗如何構成心理地基

童年時期是情緒記憶與心理模式建構的關鍵階段。早期經驗，特別是與照顧者之間的互動，不僅形成我們對世界的基本信任感，也奠定了情緒反應模式、親密關係取向與自我價值感的雛型。這些早期記憶雖常被遺忘，卻深埋於潛意識，影響日後的情緒反應與行為選擇。

潛意識中的童年印記

佛洛伊德在其理論中明確指出：兒時經驗不會因時間流逝而消失，而是潛伏於潛意識中，影響著成年後的情感決策與衝突處理。這些印記可能表現在情緒誇大反應、過度防衛機制，或是對親密關係的極端需求或抗拒中。

依附經驗與情緒迴路的建立

根據依附理論，兒童與主要照顧者之間的關係品質會在神經系統中塑造穩定或不穩定的情緒迴路。安全依附的兒童傾向發展出穩健的情緒調節能力，而焦慮或逃避型依附則可能導致成年後對關係的過度焦慮或迴避傾向，這些迴路會在類似情境中反覆啟動，構成情緒重演模式。

童年創傷與情緒記憶的持續性

童年創傷對情緒系統的影響極為深遠，即使個體長大成人，該創傷經驗仍可能透過特定語氣、情境或關係型態被重新喚起。這些情緒記憶往往無法以語言表達，卻以行為與情緒反應持續作用，形成一種無法言喻卻深刻影響的心理迴響。

隱性記憶與非語言線索

許多童年記憶以隱性記憶的方式存在，即未經語言化但可透過身體感受、情緒反應與行為模式展現。例如：在面對權威時感到莫名緊張，可能源自兒時與父母的控制互動。這類記憶不易辨識，但其影響深遠。

情緒迴路的激發與重演

情緒迴路指的是當某種情緒模式一再被重複經驗與回應，便會在神經網絡中形成穩定通路。若童年時期經常處於恐懼、無助、羞辱的環境中，成年後遇到相似場景時，這些舊有情緒路徑便會自動被打開，讓人「過度反應」而難以控制。

親密關係中的童年再演

在伴侶、親子或友誼關係中，潛意識常會「投射」童年經驗。個體可能將對父母未解的情緒需求投射到伴侶身上，或在子女身上重演父母對自己的養育方式。這種「情緒劇本」的潛在重演，往往在沒有意識到的情況下進行，影響關係品質與親密深度。

童年經驗在語言與敘事中的表現

許多成年人的自我敘述中藏有童年經驗的片段，如「我一直都不被重視」、「我從小就知道要靠自己」等語句，透露出早期情緒經驗對自我定位的影響。這些語言痕跡是心理治療中的重要入口，揭示了情緒迴路的敘事面貌。

治療歷程中的童年回溯

心理治療中經常透過童年回溯來重構案主的情緒經驗與自我理解。治療師引導案主辨識現實困境背後的童年情緒模型，使其能看見當下反應與過往經驗之間的橋梁，進而打斷情緒自動化迴路，重新選擇更成熟的應對方式。

兒時記憶的象徵轉化

兒時經驗不一定以具體敘述形式存在，也可能在夢境、幻想、創作或潛意識行為中象徵性地呈現。例如常夢見被追逐，可能隱喻早年無法逃脫的情緒壓力；或經常畫重複圖形，可能反映心理未解的創傷殘響。

童年經驗與情緒解套的可能

雖然童年經驗對情緒結構有深刻影響，但透過覺察與再敘事，這些模式並非不可改變。心理學的任務之一，便是協助個體看見過往經驗如何編碼了情緒反應，並在意識層面重新建立新的理解與選擇，為情緒反應創造更多彈性與可能。

童年與情緒模式的心理學總結

童年經驗是一種情緒與記憶的交織過程，深藏於潛意識，卻以各種形式塑造我們的人際互動與自我認知。理解並處理這些情緒迴路，能幫助我們不再困於過往，也為成長與關係創造更自由的心理空間。

第十一節　潛抑記憶的現實投射

潛抑記憶如何進入現實行為

潛抑記憶是指被壓抑進潛意識深處，未經意識整理的記憶殘餘。這些記憶雖不再具語言敘述能力，卻會在現實生活中以行為、情緒、關係反應等方式「洩漏」出來。例如：一名對童年失落毫無記憶的成人，可能會不自覺在親密關係中不斷重複被拋棄的劇本。

情境觸發與情緒反應的非邏輯性

潛抑記憶的特徵之一，是它會在看似不相關的場景中被觸發。像是某種氣味、場景顏色、語氣語調，便可能讓個體產生不成比例的情緒反應，甚至出現無法解釋的焦躁、悲傷或恐懼。這些反應往往並非源自當下情境，而是過往經驗投射的殘影。

語言模式中的潛抑記憶線索

在語言表達中，潛抑記憶經常以模糊敘述、重複用語、主詞省略或矛盾語句的形式出現。例如:「我就是一直搞砸」、「好像以前也有這種感覺」，這類語言透露出記憶中未被命名卻不斷干擾的潛意識內容。

夢境與現實行為的投射橋梁

夢境是潛抑記憶與現實行為之間的心理橋梁。許多夢境情節其實是潛抑內容的象徵重演，而在醒來後這些夢境片段會影響情緒基調，進而影響個體在日間的行為與關係處理。例如：夢中經常重演失落的人可能在醒後一天都處於退縮或易怒狀態。

潛抑記憶在職場與家庭中的干擾

職場中的過度自責、家庭裡的控制欲或情感冷漠，可能並非單純性格特質，而是潛抑記憶投射的結果。童年未處理的羞辱、責難或冷落，若未被意識整合，便會在類似關係中以新的形式被重新演出，這些再現行為即為潛意識的「強迫性重演」。

潛抑記憶與身體症狀的聯動

心理學與心身醫學皆指出，潛抑記憶可能轉化為身體症狀，如慢性疼痛、皮膚病、腸胃不適或疲憊感，這些現象被稱為「身體化表達」。潛意識透過身體說出無法言明的情緒與過往記憶，這種身體化是現實投射的另一通道。

投射與認知誤讀的結合機制

潛抑記憶容易讓個體在認知上誤讀他人意圖。例如：某人過於敏感地將同事的沉默解讀為批判，實則是在投射過去被批評的情緒經驗。這種認知誤讀強化了情緒反應，並構成一種潛意識與現實交會的惡性循環。

情緒過激反應中的潛意識洩漏

當某人對小事反應過度，或在不具威脅的情境中出現退縮、迴避或攻擊行為時，這往往是潛抑記憶正在運作。這類反應並非當下邏輯可解釋，而是潛意識中的舊記憶在新的情境下自動反射的結果，是潛意識對相似情境的「過度備戰」。

關係模式中的記憶陰影

潛抑記憶會形塑人際互動的基本模式，形成「情緒腳本」：某些人總是吸引控制型伴侶、有些人反覆進入被忽略的角色。這些不是偶然選擇，而是潛意識依據早期記憶內容所重寫的現實互動程式。

治療歷程中的投射辨識

心理治療提供案主辨識潛抑記憶現實投射的機會。當案主能夠意識到某些反應或行為並非單純針對當下，而是源自過往未解的情緒與經驗，便可能打開潛意識的語言之門，開始重構記憶與情緒的連結。

潛抑記憶投射的心理學總結

潛抑記憶不會靜默消失，它會尋找出口，以行為、情緒、夢境、語言或身體的形式現身。我們與世界的互動中，處處可見過往經驗的影子。辨識並理解這些現實投射，是邁向整合與療癒的重要一步，也是心理學對潛意識深度介入現實的深刻揭示。

第十二節　回憶與錯覺：心理學的迷宮

記憶與錯覺的心理交界

在我們對過往的回憶中，並非所有內容都來自實際發生的事件。記憶常常夾雜著想像、推測與錯誤聯想，而這些成分往往難以與真實體驗區分。心理學研究顯示，回憶本質上是再建構的過程，而非純粹的提取，因此也就容易出現記憶錯覺。

錯覺記憶的成因

記憶錯覺（false memory）形成的原因包括情緒暗示、語言引導、潛意識願望投射等。在特定情境中，個體可能會將聽來的故事、他人的敘述、夢境片段或社會性敘事誤認為自己的親身經驗，形成虛構而堅信的記憶片段。

自傳式記憶中的錯置現象

自傳式記憶是關於個體生命經驗的敘事，但這些敘事不一定完全準確。許多人對童年、重要轉捩點或親密關係的記憶，都可能經過反覆敘述與情緒加工後被改寫。在心理治療中，案主常會發現自己記憶中的「事實」並非如初所信。

潛意識如何重構記憶場景

潛意識會根據情緒需求對記憶進行再編排。例如：在面對創傷經驗時，潛意識可能改寫加害者的角色、淡化事件強度或挪動時間順序，以創造更可承受的心理結構。這種重構是為了讓記憶「可居住」，卻也可能讓真實與錯覺難以分辨。

情緒錯覺與記憶內容的變形

在特定情緒狀態下，如憤怒、焦慮或依戀，個體可能會回想起與情緒一致的記憶，而忽略或扭曲與之矛盾的內容。這種選擇性提取與重組，使得回憶在情緒濾鏡下變形，逐步偏離原貌。

集體錯覺與社會建構

某些錯覺記憶不僅是個體經驗，也可能是文化與社會敘事共同構建的結果。例如：「國小老師都偏心」、「早年生活比較單純」等集體印象，在反覆傳述中被內化為個人記憶。這些社會性錯覺揭示出記憶不僅是個體行為，也是一種文化製品。

記憶空白的補償性幻想

當記憶中出現斷層或空白時，潛意識會透過幻想、心像或假設性敘事來填補。例如：一個不記得父親離開原因的人，可能會發展出父親因責任感過重而離去的敘事，這種補償性幻想有助於修復心理創口，但也可能使個體困於虛構中。

夢境與錯覺記憶的交錯邊界

夢中的內容若頻繁出現、情節鮮明，容易被誤認為真實事件。潛意識在夢中重構情緒經驗，並透過象徵與轉喻製造「真實感」，使得部分人將夢境片段納入回憶中，進一步模糊了記憶與幻想的界線。

認知偏誤對記憶真實性的扭曲

認知心理學指出，人類在提取記憶時會受到先入為主的觀念、當前信念與語言暗示影響。這些偏誤會在回憶中加入與真實不符的元素，使記憶如同「拼接影片」，在不自覺中逐漸轉向錯誤版本。

心理治療中的記憶澄清工作

在治療現場，治療師需敏銳區分案主所敘述的回憶是否存在錯置、誇大、刪減或幻想化。這並非為了質疑案主真實性，而是協助其理解記憶是如何在潛意識、情緒與語言互動下被重寫，進而釐清當下情緒困擾的真正根源。

回憶與真實的辯證空間

心理學承認回憶可能並不等於客觀真實，但也不全然是虛構。回憶是一種介於情緒事實與語言敘事之間的心理活動，其目的在於賦予過去意義、整合經驗、維持自我一致性。理解回憶的錯覺性，有助於我們以更寬容的視角看待自己與他人的記憶版本。

記憶錯覺的心理學總結

記憶並非如錄影帶般忠實記錄，而是一場潛意識、情緒與敘事語言交錯構成的心理旅程。錯覺記憶讓我們看見記憶的可塑性與易變性，也提醒我們，理解自己的回憶結構，是心理整合與自我認識的重要一環。

第三章
口誤與語言偏差：潛意識的語音邏輯

第一節　口誤現象的語音結構分析

口誤現象的普遍性與心理意涵

我們都曾有過這樣的經驗：在重要場合將「生日快樂」說成「新年快樂」，在日常對話中將人名或地點互換。這些語言錯誤，通稱為「口誤」，在佛洛伊德的理論中被視為潛意識活動的直接展現。相較於視為單純失誤，精神分析學派認為口誤是語言中潛藏心理衝突的表徵。

語音結構與口誤生成的關係

口誤的發生，往往與語音結構密切相關。語音單位(phoneme)之間的相似性會導致聲音替換（如「壓力」說成「亞歷」），而語句預期也可能產生語音干擾。當潛意識欲表達某種衝突或情緒時，便可能透過語音組合的錯亂來實現語言上的滑動。

聲音錯置與潛意識語法的錯配

語音錯置常見於首音互換、韻尾錯誤與語調失誤等現象。這些錯誤不是隨機產生，而是潛意識企圖在語言中插入其他內容時，與原本語言結構發生衝突所致。例如：將「我很欣賞他」說成「我很傷心他」，即是語音滑動帶出情緒真實的片段。

語音模糊與情緒抑制的關聯

在壓抑情緒的情境中，口誤往往呈現語音模糊與不確定性，顯示說話者在心理上無法決定自己真正想說的內容。這種模糊性既反映內心的掙扎，也提供語音分析的重要線索，協助辨識語言背後的心理阻抗。

聲韻重疊與心理投射

當說話者在語句中重複使用類似聲韻時，這些重疊往往不只是語言節奏的巧合，而可能是潛意識透過語音模式進行的情緒投射。這些語音重疊可看作是「語音上的自由聯想」，有助於揭示隱藏的內在焦點。

口誤的音韻類型分類

語言學者將口誤分為以下幾類：音位替換（substitution）、音位省略（deletion）、音位插入（insertion）與音位交換（exchange）。每一類錯誤都可對應潛意識不同的運作模式與心理衝突，從中可看見語言如何承載心理壓力的邏輯結構。

情緒負荷對語音穩定性的影響

在壓力、焦慮或憤怒的情境下，語音穩定性下降，語音控制失調，易導致聲音錯置與語句斷裂。這種語音表現的變化不僅反映了生理層面的緊張，也顯示出潛意識試圖「脫離正軌」的表達策略。

潛意識內容如何干擾語音編碼

語音編碼是一種快速而自動的語言歷程，但若潛意識內容與語言表達目標產生矛盾時，則可能造成語音錯置或發音變異。這種干擾是潛意識以「錯誤」方式介入語言的最直接證據，反映出心理內容與語音構造的交鋒。

口誤中的語言非線性現象

正常語言遵循語法與語音規律，但口誤常打破這種線性順序。例如將兩個詞融合、提前或延後發音，這些非線性現象在語音上表現為語句不順、韻律混亂，實則顯示語言正在承載心理位移的訊號。

語音結構與語意錯誤的交界地帶

語音錯誤有時會導致語意的滑動，從而使語言在不經意中表達潛意識意圖。例如「我很敬佩他」變成「我很輕蔑他」，此類語音結構轉錯導致語意扭轉的現象，是口誤語言中最具分析價值的部分。

口誤語音分析的治療應用

在心理治療中，對口誤的語音層次進行分析，有助於捕捉案主未意識到的情緒訊號與心理抵抗。當治療師能辨識語音結構的偏移，就能更敏銳地理解語言錯誤背後的情緒需求與無意識壓力，為臨床對話提供更深入的解析依據。

語音結構與潛意識語言的心理學總結

口誤不僅是語音的失誤，更是潛意識試圖穿透語言結構的訊號。理解其語音成因與心理意涵，讓我們得以窺見潛意識語言系統的動態邏輯，也為分析日常語言錯誤提供了科學與臨床的交會視角。

第二節　錯音與認知觸發的糾纏

錯音現象的心理起點

錯音 (slip of the ear) 與口誤相對，是聽者將所聽之語音錯誤辨認或解讀的現象。這種錯誤不單純源自聽力問題，而常反映出潛意識與認知預設對語言輸入的加工模式，成為語言心理學的重要研究對象。

認知預期與語音辨識的互動

人在接收語言時，會根據語境、過去經驗與情緒狀態對聽到的語音進行即時預測與加工。這些預測有助於理解速度，但也可能造成認知偏誤。例如將「錢包」聽成「見報」，可能是潛意識中對「失去」的焦慮干擾了語音解碼歷程。

情緒觸發與錯音傾向

研究顯示，情緒狀態對錯音現象具有顯著影響。在焦慮、高壓或情緒激動的情況下，個體對語音的解碼會趨於情緒相關詞彙的選擇。例如：一名考生在等待成績時，將「電視主持」聽成「電視重試」，正是焦慮影響下的聽覺錯置。

錯音中的潛意識干擾痕跡

佛洛伊德指出，潛意識會利用一切機會進行自我表達，包括誤聽的瞬間。聽者的心理需求與內在衝突可能導致對語音的選擇性誤認，這些錯音不只是聽覺誤差，而是潛意識對語言意義的重組與操縱。

語境模糊與多義詞混淆

在語境不明或語音訊號不清時，多義詞與發音相似詞更容易被錯聽。個體在判讀語音時，潛意識會傾向選擇與當下情緒更匹配的詞彙，導致聽覺錯亂。例如在剛失戀時聽見「自由行」卻誤以為是「自由心」，這正是一種心理反應與語言輸入的錯位現象。

認知負荷與聽覺偏誤的關聯

在認知負荷過高（如多工處理、疲勞、注意力分散）時，錯音發生率明顯提高。此時大腦對語音的辨識資源減少，潛意識將補足這一缺口，以現有情緒與經驗為基礎進行「猜測性理解」，結果常造成語意錯誤的吸收與記錄。

錯音與個人經驗的投射邏輯

錯音現象常映射出聽者的生活經驗與心理關懷。例如從事法律工作者容易將「勝負」聽成「審覆」、孕婦可能將「腰痠」聽成「要生」。這些錯聽不僅是認知結構的反映，更是個人經驗與心理焦點的語音展演。

潛意識自我對話的語音形式

某些錯音看似無關緊要，實則為潛意識與意識層之間的語音對話。一名壓抑怒氣的案主，在聽到「幫忙」卻誤聽為「綁忙」，其語音扭曲即可能透露出對幫助他人的情緒負擔與矛盾。

錯音與語言預設模型的碰撞

每個人對語言都有預設模型，一旦實際語音與預期模式不符，潛意識便可能強行修正輸入內容，使其更接近個人心理結構的穩定狀態。這種語音修正可能造成錯誤認知，也揭示出語言理解過程的深層心理機制。

認知心理學與精神分析的交會點

錯音現象提供了認知心理學與精神分析對話的可能。前者關注語音處理與訊息判讀的錯誤歷程，後者則揭示錯誤背後的心理欲望與無意識操作。結合兩者，有助於全面理解語言錯覺的心理邏輯。

治療場域中的錯音觀察價值

在心理治療中，治療師若能敏感覺察案主對話中的錯音現象，便可能洞見其內在衝突與心理投射。例如錯聽「陪伴」為「背叛」，即顯示案主對關係中信任與防衛的深層交戰，成為重要的治療線索。

錯音與心理偏誤的心理學總結

錯音不僅是認知誤差，更是潛意識經驗的語音外化。透過解析錯音，我們得以看見語言理解與心理結構之間的互動，理解語音偏差如何成為情緒觸發與心理現實糾纏的載體。

第三節　語意扭曲中的欲望暴露

語言錯誤與欲望訊號的關聯性

語意扭曲常發生在口誤或誤聽後出現的語句變形之中，看似偶發的詞語錯置，實則可能隱含強烈而無法直述的心理欲望。佛洛伊德指出，無意識中的欲望會尋找替代路徑，穿越語言管道以「錯誤」之姿顯形，因此每一次語意扭曲，皆可能是欲望的迂迴表白。

語意錯位的表面邏輯與潛在欲求

當一個人說出「我不討厭他，只是看了會煩」這樣的語句，乍看之下語意模糊，其實是語意錯位的典型表現。語言上的模糊與轉折是內心衝突的結果，往往介於「承認」與「否認」之間，潛藏著壓抑的情緒與欲望。

誤名與欲望投射的心理動因

將某人名字誤說為另一人，尤其是熟悉或重要他人時，常揭示潛在的情緒連結與欲望投射。例如稱呼上司為「爸爸」，或將前伴侶名字錯說為現任，這類誤名反映了心理對情感結構的錯置，也揭示欲望尚未被整合的心理現象。

語意滑動中的自我辯證

語意錯誤往往不是錯在「說錯」某個詞，而是在詞語使用上出現不合情理的滑動。這些滑動可視為潛意識與自我在語言表達上的拉鋸過程，一方面欲望試圖穿透語言界線，另一方面自我則欲維持敘事的完整與理性。

否認性語句中的反向暴露

「我才不喜歡那種人」這類語句，在精神分析中被視為「否認性陳述」，其語言結構常伴隨強烈投射與情緒放大，實質上可能反映某種認同、渴望或潛在羨慕。這種反向語句往往是一種不自覺的欲望暴露。

欲望語言中的文化抑制痕跡

語言不僅受個人心理結構限制，也受到文化語境約束。在強調自制與倫理的社會中，欲望表達常被壓抑，因而轉而透過語意扭曲方式「偷渡」出現。例如以模糊隱喻、語言玩笑或反向語句表達禁忌情感，這些語言現象正是欲望在語境中的折射。

語意扭曲與夢語的平行性

夢語，即夢中的語言形式，也呈現類似語意扭曲結構。夢中說出的話語常模糊、多重涵義且結構不合常理，這與口誤或日常語言扭曲現象在心理結構上高度一致，皆為潛意識將欲望轉碼為可接受訊號的過程。

語意錯誤作為心理欲望的載體

在日常生活中，許多語意錯誤被視為語言滑坡現象，然而這些滑坡恰好是潛意識欲望之跡象。分析這些語句不僅可識別情緒衝突，更有助於理解個體如何在語言中折射內在需求與渴望，進而建立潛意識與意識之間的連結橋梁。

心理治療中語意錯誤的解碼工作

在治療情境中，案主語句中的語意扭曲是重要線索。當案主以不自覺的方式出現語意混淆，治療師可透過語句分析，引導其理解語言中的欲望表達與壓抑機制，協助其在安全對話中認識並接納內在衝突。

欲望暴露的倫理張力與敘事重構

語意扭曲雖是欲望暴露的一環，但也須處理隨之而來的倫理焦慮與自我防衛。在治療歷程中，協助案主建立足夠的語言敘事空間，使其得以在不自責、不否認的情境中重新命名與整合欲望，是語言治療的重要目標之一。

語意錯誤與欲望揭示的心理學總結

語意扭曲不僅是語言錯誤，更是欲望在語言邊界尋找出口的表現。透過理解這些錯誤語句的心理結構，我們不僅能揭示潛意識的運作，也得以建構一套更貼近人性複雜性與情緒真實性的語言心理學觀點。

第四節　精神官能症與語言症狀

語言症狀作為心理困境的象徵表達

在精神官能症的臨床觀察中，語言經常成為潛意識症狀的首要表現形式。病患的話語裡可能充滿重複、矛盾、跳躍與中斷，這些語言現象並非單純語法失序，而是心理結構緊張與情緒衝突的語言轉化。從精神分析角度來看，語言是情緒與症狀的表演場域。

精神官能症的語言特徵分類

不同類型的精神官能症，其語言症狀呈現出各異的結構特徵。例如：焦慮症患者傾向使用未完成句、假設語氣與遲疑詞；強迫症患者則表現為語句重複與語意循環；歇斯底里者則可能語言生動但不連貫，常以戲劇化敘述隱藏情緒脆弱。

語言的迴避與替代功能

語言可以是接近真實的工具，也可能是逃避真實的堡壘。許多患有精神官能症傾向的案主，會以抽象詞語、理性分析或玩笑語氣來包裹核心情緒。例如：將「我覺得很痛」說成「有點小不舒服」，正是語言替代作用的表現。

症狀語言中的象徵壓縮

精神官能症的語言中，常包含象徵意涵的壓縮。單一詞彙可能承載複數情緒、記憶與衝突。例如案主用「那件事」反覆指涉一段創傷經驗，卻始終不願具名，這是語言在潛意識限制下進行的「模糊封存」行動。

語言與潛意識抑制的博弈

案主的語言症狀往往是在潛意識抑制與自我表達之間拉鋸而成的產物。潛意識欲望渴望現身，而超我與文化規範則設下語言禁區。這場心理內戰在語言層次上形成句法斷裂、語意折轉與語調失序的語言景觀。

語言斷裂與時間錯置的心理徵候

在精神官能症中，語言不僅斷裂，也常出現時間序列混亂的現象。例如案主會說出「昨天我今天才想起來那時候可能是明天」之類語句，這種時間錯置反映出情緒與記憶結構的混亂，是潛意識語言錯亂的具體表現。

語意重複與內在焦慮的循環反映

語言重複現象是精神官能症常見的表徵。重複詞語或句型不僅展現出語言運作的停滯，也揭露出案主無法擺脫的心理主題。例如不斷重複「我沒問題，我真的沒問題」這樣的句子，反而加強了其內在焦慮的存在感。

語言症狀與身體症狀的對應關係

在某些案例中，語言症狀可能與身體症狀交替出現。當案主無法言說情緒時，症狀便從語言轉移至身體（somatization）；反之，當身體症狀無解時，語言可能成為新發展出的防衛機制，如開始口吃、語塞或話語跳接，均可視為情緒的轉移出口。

語言反覆的儀式性與控制欲

強迫症案主的語言重複常帶有儀式感，例如說話必須對稱、句數固定、重複強調「一定要這樣」。這種語言控制的儀式性顯示出案主企圖用語言建立秩序，以對抗內在混亂與焦慮的不確定性。

語言分析在心理治療的診斷功能

在心理治療現場，語言症狀不僅是溝通的障礙，更是診斷的窗口。治療師透過案主語句中的矛盾、停頓、隱喻與錯位，得以理解其內在心理狀態，並進行更有策略性的對話安排與治療進程引導。

精神官能語言結構的心理學意涵總結

語言是一面鏡子，映照著潛意識與自我搏鬥的痕跡。精神官能症的語言症狀並非單純溝通障礙，而是壓抑、焦慮與欲望在語言場域中的交鋒。理解這些語言症候，讓我們得以窺見心靈深處的糾葛，也提供了更精細的心理介入可能。

第五節　語言衝突與情緒張力

語言衝突的潛意識起源

語言衝突是指個體在表達某一內容時，語言系統內部出現的矛盾與對立現象，如自我否定、語句牴觸、意圖與措詞不符等。這些現象往往源自潛意識中對某個主題的情緒張力，反映出個體對某些感受或欲望既想表達又感到不安。

矛盾語句的心理鏡像

在精神分析取向的語言觀中，矛盾語句（paradoxical statements）如「我其實沒有很在意，但我一直想到這件事」這類句型，是潛意識與自我協商失敗的語言產物。語言此時同時承載壓抑與抗拒，讓真實情緒在語言表面上出現裂縫。

語句斷裂與情緒抑制的交會點

案主在談話中突然語塞、話語中止或主題跳躍，常常發生在情緒高張與語言無法承載情緒重量的時刻。語句斷裂即是一種潛意識的「停止令」，防止個體繼續暴露深層情感，是自我與潛意識之間博弈的即時顯現。

否認性語言與情緒背離

「我不生氣，只是覺得很煩」、「我沒有想太多，只是剛好想到了」等否認性語言，是語言與情緒分裂的實例。這些語句揭示出自我正在試圖控制或否定情緒感受，潛意識卻又透過語言中的語氣、語序與選字洩漏真實的情緒張力。

語言模糊化作為心理防衛

語言衝突中常見模糊詞的使用，例如「可能」、「好像」、「有點」，這些語詞有助於維持心理彈性，避免直接命名衝突內容。但也容易造成語句內部不一致，使得語言本身成為壓抑與疏離的載體。

語調偏差與非語言情緒訊號

語調與語氣是語言衝突的非語言指標。案主可能在說出「我很開心」時伴隨語調下降、語速減慢，顯示語言內容與情緒表達背道而馳。這種語調偏差揭示了內在張力，也提供治療師辨識情緒與語言分裂的重要依據。

內容與語法衝突的心理動因

有時語言的內容與語法結構出現衝突，如「我想要離開，但我也不想被當作不負責任的人」。這類語句表現出心理兩難與責任焦慮，語法結構中隱含了角色期待、文化價值與潛意識需求的複雜交織。

語言衝突在人際互動中的放大

語言衝突在親密關係與人際互動中尤其顯著。說者常在表達關心時透露不耐、在道歉中帶入控訴。這些語言衝突一方面反映出複雜的情緒結構，也可能在關係中製造誤解與張力，成為互動的隱性摩擦源。

語言重組與情緒認知的重建

在心理治療中，協助案主重組語句，將語言與情緒重新對位，是打開語言衝突的有效方式。透過辨識語言中的內部矛盾，引導案主說出更貼近真實情緒的語句，有助於釐清內在情緒與外在表達的落差。

語言衝突的文化背景因素

在某些文化中，直接表達情緒被視為不成熟或不禮貌，語言衝突便更常以間接方式呈現。亞洲文化中的「沒事啦」、「隨便」等語言，就是將情緒與語意分離的文化話語模式，其潛藏張力需在治療中仔細辨識。

語言衝突與心理治療的介入意涵

治療師若能精細地捕捉案主語言中的衝突訊號，便可從中看見其潛意識防衛、內在糾葛與未竟情緒歷程。語言衝突不只是溝通障礙，更是自我調整與潛意識動力對話的重要場景。

語言衝突與情緒張力的心理學總結

語言衝突是一種心理緊張的語言化現象，既顯示情緒抑制的跡象，也透露出潛意識自我揭露的渴望。理解語言與情緒間的裂縫與錯置，有助於我們更精準地閱讀內在世界的複雜性，並在臨床場域中找到更有效的治療切入點。

第六節　反諷與轉譯：口誤的隱喻

口誤中的反諷語義結構

許多口誤看似是無心之言，但細究其內容往往蘊含強烈的反諷性意涵。當一個人說出「我真希望再來一次這場災難」，表面上像是說錯話，實則潛意識中可能真有一種隱隱期待重構過去的欲望。這類語句的語意結構，即是口誤中的反諷潛臺詞，表達了說者內在的矛盾與未解的情緒。

語言轉譯與情緒重組的交界地帶

在口誤中出現語意轉換的現象，亦即將原本語句轉譯成另一些詞彙或語調，使情緒意涵產生位移。例如將「好累」說成「好樂」，可能是一種逃避疲憊、強迫振作的語言轉譯。這些轉譯行為，在語言層面上是一種誤用，但在心理層面上卻是情緒的重組。

隱喻作為潛意識表達的橋梁

口誤中常見隱喻化用語，例如將主管稱作「國王」、將會議說成「審判」。這些隱喻式口誤將內心感受轉化為文化形象或象徵語彙，是潛意識嘗試透過語言符碼處理情緒張力的一種方式。隱喻語言讓個體能以更「安全」的語句表達深層情緒。

精神分析中的轉譯觀點

佛洛伊德與拉岡皆指出，潛意識並不以意識語言運作，而是以象徵、轉喻與隱喻進行意義編碼。因此口誤所使用的詞彙錯置、音韻替代與語意顛倒，本質上都是一種轉譯行為，是潛意識語言邏輯在現實語言系統中留下的軌跡。

反諷與自我揭露的語言邏輯

反諷是一種同時包含接受與拒絕的語言形式，具有高度的心理複雜性。口誤若呈現反諷結構，常暗示說者內心某部分其實接受自己原本否認的情緒或欲望。例如「我最討厭被誇獎」這句話中既有抗拒也有渴望，這類語句即是潛意識語言的典型表現。

文化語境與語言轉譯的規範性

不同文化對反諷與語言模糊的容忍度不同。亞洲文化中語言常採取間接、含蓄表達，因此反諷性口誤更容易被合理化為「客套」、「玩笑話」，這反映出語言轉譯過程中文化結構對情緒表達的調節作用。

夢境語言與口誤結構的對照

夢境語言與口誤有著相似的語言邏輯：都擅長隱喻、轉喻與象徵性結構。夢中誤稱或語意扭曲所表達的心理內容，常與日間口誤中的潛臺詞互為鏡像，共同揭示了潛意識如何繞過語言監控系統實現情緒外化。

口誤反諷中的情緒防衛

反諷性口誤不僅是潛意識的顯現方式，也是一種情緒防衛機制。當真實情緒無法被接受時，說者可能以相反意涵說出表述，如「我超愛被放鳥」之類的語句，是將受傷與失落轉化為幽默與輕描淡寫的語言策略。

隱喻錯誤中的潛在主題重複

分析多次口誤中的隱喻元素，常能發現某些主題一再出現，如「高牆」、「牢籠」、「舞臺」等，這些詞彙背後反映的心理結構（如自我限制、被監控、需表演）不斷透過語言再現，是潛意識主題反覆浮現的語言軌跡。

治療語境中的反諷解析

在心理治療中，案主若頻繁出現反諷性口誤或語意顛倒，治療師可將其視為探索潛意識欲望與情緒衝突的入口。透過解析其語言中的反諷與轉譯，協助案主重新對位其情緒與語言，使其逐步建立一致性的自我理解。

反諷與轉譯現象的心理學總結

反諷與語言轉譯不只是修辭手法，更是潛意識運作在語言表面上的心理現象。口誤所引發的語意變形、隱喻重組與語言倒錯，揭示了語言與情緒之間的微妙關係。理解這些現象，有助於我們更深入洞察語言如何承載與轉化內在的心理衝突。

第七節　語言自我偵錯的心理線索

自我偵錯的語言現象

人類語言具備自我修正的能力，當語者意識到語句錯誤、語音滑動或語意混淆時，會立即以補充、更正或重說等方式修正語言輸出。這些「自我偵錯行為」不僅是語言系統的機制，也反映了心理系統對錯誤的敏感與潛意識衝突的覺察。

自我偵錯中的語速變化與語調轉折

在口語修正過程中，說話者往往會突然放慢語速、語調上揚或語句中斷，這些語音現象是自我偵錯的外顯指標。從心理學角度看，這代表個體在意識與潛意識之間察覺到語言偏移，並啟動語言重組機制，以避免潛意識訊息的進一步洩漏。

語言偵錯與羞愧感的連動

修正語句常伴隨羞愧、尷尬與自責情緒。例如說錯親密對象的名字後的修正，不只是語言調整，也是自我形象維護的動作。這種語言行為與羞愧感之間的連動，顯示語言錯誤在心理自我監控系統中的重要地位。

語言偵錯中的否認與壓抑訊號

當個體發現自己說出不該說的語句時，常會急忙以「我不是那個意思」或「我講錯了」來掩蓋語言內容。這些補語本身即是防衛機制的語言化表現，呈現出潛意識內容遭壓抑後反撲的歷程。

自我偵錯頻率與情緒敏感度

研究指出，自我偵錯頻率與個體的情緒敏感度成正比。情緒越壓抑、心理衝突越高者，其語言輸出更容易出現自我監控與修正。這代表潛意識內容經常逼近語言邊界，個體需頻繁調整語句以維持心理平衡。

偵錯失敗與語言失控的臨界點

當語言偵錯系統無法及時發揮作用，錯誤便可能轉為語言失控，如突如其來的罵語、口吃、語句連結混亂等。這些現象不是單純語言障礙，而是潛意識強烈情緒突破語言防線的結果，是心理衝突無法被語言化時的外顯行為。

語言回溯與敘事重組的心理邏輯

語者在對話中反覆使用「我剛剛講錯了」或「讓我重新說一次」，其實是透過語言回溯重建敘事秩序與情緒邏輯的努力。這種行為不只是技術性重述，更是試圖修復語言與情緒斷裂、重新掌控對話權的心理動作。

語言偵錯與角色意識的重疊

在公共場合發言或關係敏感情境中，自我偵錯尤為頻繁，顯示個體對角色形象的高度關注。當語言脫離角色期待，便會立即修正語句以符合自我或社會的角色框架，這同時也是一種對潛意識洩漏的回應。

語言監控與超我的語言機制

自我偵錯的啟動常來自「超我」對語言的監控。佛洛伊德指出，超我是內部的道德與規範力量，它會審查語言是否越界、失控或洩密。因此，語言偵錯可視為超我運作在語言層次的心理痕跡。

語言偵錯與治療中的敘事敏感性

在心理治療中，觀察案主語言修正的時機與方式，有助於掌握其潛在壓抑議題與情緒張力。治療師若能捕捉這些語言自我糾錯的線索，將更容易觸及潛意識防衛背後的心理主題。

自我偵錯機制的心理學總結

語言自我偵錯不只是修正技巧，而是情緒監控、潛意識干擾與心理平衡調節之綜合表現。它讓語言既成為訊息傳達工具，也成為心理結構調整的現場。理解偵錯機制，有助於我們更深入解析語言行為的心理結構與無意識語言的浮現機制。

第八節　錯詞與身分焦慮的投射

錯詞現象的心理輪廓

錯詞，是指語者在語言輸出時使用了不恰當或不相符的詞彙。這類現象常被歸咎於注意力分散、語言能力不足等表層原因，但從精神分析觀點來看，錯詞往往是潛意識衝突或身分焦慮的間接表現，是潛藏心理內容在語言中的代位顯現。

身分焦慮與語彙錯置的隱微關聯

在特定角色轉換或權力場域中，語者可能會錯將某人的稱呼、頭銜、職稱、甚至性別搞混，這些錯詞背後往往隱藏著角色焦慮與權力認同的內在不穩。例如：將「總監」說成「組長」，不僅是職稱記憶錯誤，也可能反映語者內心對權威的抗拒或自我價值的矮化。

錯詞與自我定位的不穩定性

錯詞常出現在自我介紹、自我敘事等場景中，說話者可能將自己的工作性質、興趣或背景說錯，或用不一致詞彙描述自己，這些錯誤往往揭示語者對自我定位的不確定性，是潛意識中對身分認同尚未整合的痕跡。

稱謂錯置與家庭結構的心理影響

在家庭對話中常見將某個家庭成員稱呼錯誤的情況，如將配偶叫成父母的名字、將子女互換稱呼等。這些錯詞現象在語言結構上看似偶然，實則可能源於潛意識中尚未解決的依附需求、情緒債務或家族角色重複的心理結構。

社會期待與語言錯詞的拉鋸

社會角色對語言使用有高度規範，當語者對自身處於該角色的正當性產生懷疑時，語言錯詞便會出現。例如新進主管在會議中將自己稱為「支援人員」，這種錯詞現象反映其對角色尚未內化，身分焦慮滲入語言表達。

錯詞中的潛意識願望投射

某些錯詞則可視為欲望的替代性表達。例如在介紹情人時不自覺說出前任的名字，或在形容目前工作時使用前一份職務的詞語，這些詞彙錯置反映潛意識仍未割捨舊有情感或經驗，是心理能量尚未轉移完成的語言證據。

多重身分中的語言衝突

當個體在多重社會身分中（如父親、主管、創作者）無法有效統整語言角色時，錯詞現象便容易發生。例如：在家庭中說出「我的員工」、「案主」等詞彙，反映出語者在角色界線模糊時，語言表達亦呈現失焦與錯位的情形。

語言錯詞與自我解構的心理徵候

錯詞有時也是自我防衛對自我概念進行「解構」的語言形式。說者藉由模糊語彙、交換詞性、錯用名詞等方式，將語言敘事從既有認同結構中抽離，使其可短暫逃避焦慮或衝突帶來的心理壓力。

語詞錯置與文化身分的衝突反映

在語言錯詞中，我們也可觀察到文化身分的掙扎。例如：在多語言或跨文化背景中成長者，可能在使用語詞時出現中英夾雜、詞彙選擇錯誤或語義重疊的情況，這些錯詞不僅是語言轉換的技術性問題，也透露出文化認同分裂與整合過程。

語言錯詞的治療價值

心理治療中，語言錯詞常為開啟潛意識對話的入口。當案主錯用詞彙時，治療師可進一步探索其語言選擇與潛意識連結，進而發現案主的自我焦慮、角色衝突與情感轉移歷程。這些錯詞成為治療語境中的無意識訊號。

錯詞與身分焦慮的心理學總結

語言錯詞不只是語言處理的偏差，而是潛意識情緒、角色認同與社會期待糾結後的語言裂縫。理解錯詞背後的心理結構，有助於揭示語者的身分認同歷程與潛藏情緒，是進入語言與自我交界地帶的重要通道。

第九節　口誤如何建構角色印象

角色印象的語言起點

在日常互動中，我們對他人的印象往往來自其語言表現。口誤作為語言中的意外現象，不僅影響說者的語意準確性，也參與了角色印象的建構。心理學研究指出，口誤會觸發他人對說話者個性、態度與心理狀態的評估與歸因，進而影響其社會角色形象的形成。

初始印象與語言失誤的強化效應

在初次見面時，若對方出現明顯口誤，觀察者容易將此語言偏差與整體能力、情緒穩定或專業程度劃上等號。例如在演講開場時口誤說出錯誤資料，可能立即影響聽眾對講者可信度的感受，形成初始印象上的強化偏誤。

角色原型與口誤對比的心理反差

人們對特定角色有既定語言預期，如醫師應該精確、律師應該嚴謹、老師應該條理清晰。當這些角色說出錯誤語句時，口誤不僅產生語意偏差，更創造角色原型與語言表現之間的心理反差，這種落差會引發觀察者的認知不協調與再評估。

親和與疏離：口誤的人際效果

口誤並非總是負面表現。在特定情境中，輕微的口誤反而有助於拉近人際距離，顯得親切、真實。例如一位主管在會議中說錯部門名稱後自嘲化解尷尬，會讓下屬感到更有人情味，進而增強情感認同與角色接受度。

口誤作為角色抗拒的語言策略

在無意識層次，個體可能透過口誤對某些不被接受的角色身分進行語言抵抗。例如：一位剛升任主管的人將自己稱作「實習生」，這種語言錯置可能是潛意識對新角色的不安與抗拒的外顯行為，也塑造出「不認同自身角色」的印象。

性別與語言錯誤的印象偏誤

性別角色對口誤的印象建構也存在差異。研究發現，女性口誤常被過度解讀為情緒不穩、缺乏邏輯；男性口誤則常被視為壓力大或一時失誤。這些性別化歸因不僅加深刻板印象，也左右了說者的角色認知與自我形象維持。

社交場合中的口誤放大效應

在公共發言、面試或儀式場合中，口誤的效果往往被放大，形成言語「高風險場域」。此時的語言偏差會成為觀眾觀察角色適應度與心理狀態的重要依據，使得個體在無意識中調整語速、話語選擇，強化角色表演與語言控制之間的關係。

角色期待與語言表現的矛盾反射

當個體試圖扮演某一角色但內心尚未認同時，語言便成為角色認同不穩的顯現場。此時的口誤不僅反映出心理衝突，也讓觀察者對角色的真實性產生質疑。例如一位強調自信的領導人，卻在簡報中不斷修正措辭，其語言表現即可能削弱其自信形象。

語言偏差與社會階序認知的介面

社會對口誤的容忍度也與角色階序有關。高階主管的口誤較容易被合理化、幽默化；基層員工則可能因此被認為不夠專業。這種階序偏差揭示了語言在社會結構中的象徵性功能，也讓口誤成為階級識別的工具之一。

治療語境中口誤與自我形象的修復

在心理治療中，口誤被視為潛意識投射的重要入口，也是案主角色焦慮的語言反映。透過分析案主如何看待自己的口誤，以及對治療師口誤的反應，可協助其探索自我形象的結構與角色認同的壓力來源。

口誤與角色建構的心理學總結

口誤不僅是一時失誤，更是潛意識角色衝突與社會語言期待交會的場域。它在無形中塑造我們眼中他人的形象，也回饋地影響個體對自身角色的理解與接納。透過觀察與理解口誤的社會與心理脈絡，我們得以更深入解析語言如何參與角色建構的動態過程。

第十節　語言誤差與集體無意識

語言誤差的群體感染現象

語言誤差並非僅止於個人經驗，在某些群體與社會脈絡中，我們可以觀察到口誤、語意滑動與集體式誤說的傳染效應。這些群體語言偏差揭示語言並非孤立系統，而是與集體心理結構產生共振，呈現出「集體無意識」在語言場域的作用力。

榮格理論與語言原型結構

卡爾．榮格 (Carl Jung) 提出的集體無意識理論指出，人類共享一套原型 (archetypes)，這些原型會以象徵形式反覆出現在夢境、神話與語言中。當個體的語言誤差與群體其他成員產生類似模式時，可視為原型的語言浮現，是潛意識共通結構進入語言實踐的具體展現。

文化語境中的誤用習慣

在日常生活中，我們經常會聽到某些錯詞或誤用被整個社群接受並沿用下去，例如將「眼高手低」誤說為「眼高手高」，或將「模稜兩可」讀成「模擬兩可」。這些語言錯誤的持續存在，顯示集體在無意識層面接受並強化了偏誤語言的符號性功能。

網路語言錯誤的擴散機制

社群媒體環境中，錯誤語言極易被模仿、擴散與再製。例如「好想贏過去的我」這類文法不通但語意強烈的句子，因為貼近某種情緒需求而迅速流行，最終成為語言新常態。這類現象可視為集體無意識對語言形式的重新編碼與情緒共鳴的再分配。

集體錯誤中的情緒投射

語言誤差在群體中蔓延的同時，也蘊含了共同情緒的投射。當某種語言形式反覆出現在新聞、口語、廣告中，如「崩潰」、「炸裂」、「秒懂」等誇張性用語，這些語言不只傳達訊息，也宣洩群體壓力、焦慮與渴望，是集體情緒藉由語言誤差出現的表徵形式。

誤用成語與文化意識的矛盾

越來越多成語與典故在使用中被扭曲甚至顛倒意義，如「防患未然」被誤為「防止已經發生的事情」，此類錯誤反映的是集體文化記憶的鬆動與語言符碼轉換的過程，也透露出當代社會在快速變遷中對語言與知識權威的再協商。

錯誤語言的幽默性與消解功能

集體語言錯誤亦常被用作幽默創作的素材，如網路迷因、搞笑語錄或模仿秀中大量使用口誤與誤譯，這些語言的幽默性不只是娛樂功能，更是一種對語言正確性的挑戰與權威消解，反映群體在潛意識中對規範語言的反叛情緒。

語言偏差與族群認同的建構

某些社群甚至有意將錯詞、誤用或語意滑動視為群體語言特色，如青少年用語、地下文化詞彙、特定地區方言變體等，這些語言偏差的刻意保留不僅維護語言創新，也強化了族群身分與邊界感，是集體無意識介入語言與文化認同的重要通道。

語言錯誤與社會批判的潛臺詞

錯誤語言有時也成為社會批判的工具。例如錯唸政治口號、將官樣文章簡化為諧音語句，這些「錯誤」語言常帶有反諷意味，是集體無意識中對權力、制度與官方語言的解構與挑戰，具有文化反思的隱性功能。

治療語境中的集體語言偏差辨識

在心理治療中，當案主反覆使用某些來自集體語境的語言錯誤，如刻板用語、非個體化詞彙，治療師可引導其察覺這些語言來自何處、其背後所承載的情緒與集體認同需求，從而協助案主建立個體語言與情緒經驗的連結。

集體語言誤差的心理學總結

語言錯誤不只是個體行為，更是集體心理結構的反射鏡。從榮格的集體無意識理論出發，結合語言社會學與文化心理學觀點，我們得以理解語言偏差如何揭示社會情緒、身分張力與文化重組的深層脈絡。這些錯誤語言不只是偏差，更是無意識語言的集體版本。

第十一節　表達障礙的潛藏語彙

表達障礙的心理結構

表達障礙（speech inhibition）是一種在非生理條件下發生的語言困難，常見於臨場語塞、情緒中斷語句，或遲疑、停頓過多的語言表現。這些現象的潛意識來源通常與壓抑、創傷、防衛機制與未解情緒有關，語言變成了心理衝突的戰場。

無法言語的情緒重量

「我不知道怎麼說」這句話，常是潛藏情緒超越語言負載量的表現。語者可能承受了強烈的悲傷、羞愧、恐懼或壓抑，導致語言暫時癱瘓。這並非語言能力的缺失，而是情緒與語言迴路間斷開的結果，是「語言的崩塌」現象。

潛藏語彙的暗示性語言

即便無法完整言說，潛意識仍會透過某些線索性語彙洩漏情緒訊號。例如重複出現的片語、模糊形容詞（像是「那種感覺」、「不知道怎麼形容的壓力」），都是潛意識正在尋找出口卻又受限於語言結構的跡象。

表達障礙與創傷記憶的連結

創傷經驗會導致語言處理系統的過載，使語者在重提相關記憶時產生斷裂語句或語音遮蔽。研究指出，創傷後壓力症候群患者在談論事件時常無法連續表述，這種語言斷裂本身即是心理自衛的外化，反映情緒與敘事無法接軌的心理斷層。

羞愧感與語言的自我箝制

羞愧是一種高度社會化情緒，具有強烈的內控效應。當語者內在存在「說出來不被接受」的信念時，語言系統會主動關閉語彙存取權限，造成語言停頓與迴避。這種自我箝制機制，雖為保護自尊，卻也壓縮了心理釋放的可能。

語言迴避與自我解離現象

表達障礙常伴隨某種程度的自我解離，語者彷彿退出了語言場域，處於「說話者不在場」的語境之中。此時語言形式可能出現過度一般化、空泛形容或語句自我中止的現象，是潛意識對說話行為本身的逃逸策略。

被動語句的心理指向

在表達障礙中，被動語句與不定主詞的使用率偏高，例如「事情就這樣發生了」、「有人說我不好」，這些語句將主體責任移轉出去，反映語者無法承擔情緒真相的心理狀態，是語言責任結構中的退縮表現。

治療語境中的語言釋放歷程

在心理治療中，表達障礙常是突破的起點。當治療師不強迫案主說出，而是接住其語塞與模糊語彙的情緒意涵，案主才可能逐步回到語言現場，從模糊、片段、沉默中重組情緒敘事，形成語言與心理經驗的再連結。

詞彙找尋困難與情緒混淆

表達障礙常伴隨詞彙難產，語者常說「我不知道該怎麼形容」或「那個詞是什麼？」這反映情緒與詞彙之間尚未建立對應連結，也暗示語者仍處於情緒認知未分化的階段，是情緒命名與心理意識化歷程中的中斷點。

非語言訊號與潛在語意的轉譯

即便語言停滯，非語言訊號如肢體動作、眼神、聲調仍持續傳遞訊息。治療師若能善用這些非語言訊號為案主轉譯內在情緒，將有助於重新建立語言出口，使潛藏語彙逐漸進入可說與可敘的語境中。

表達障礙與潛藏語彙的心理學總結

語言並非總能捕捉情緒真相，表達障礙正提醒我們，語言的沉默也是心理結構的一部分。透過辨識語言中斷、語彙模糊與語意閃避的現象，我們能更深刻理解個體在情緒張力與語言結構之間的掙扎，為潛意識語言鋪設通往意識的橋梁。

第十二節　口語流失與防衛機制

口語流失的心理表現

口語流失（verbal attrition）是指語言表達能力在非病理情況下的逐漸衰退或短暫失效，常表現在說話突然停頓、詞不達意、語句斷裂或乾脆放棄敘述。這種現象並非語言能力退化，而是潛意識中防衛系統運作的結果，是心理壓力與自我保護交織的語言消音策略。

潛意識的語言撤退行為

語言不只是溝通工具，更是一種心理延伸。當潛意識認定某段內容難以承受、無法控制或具有高風險暴露性時，會主動撤除語言支援，形成口語流失的表現。這種語言撤退有如心理的後退一步，是為了避免面對潛在創傷或自尊崩解。

防衛機制與語言暫停的交互作用

佛洛伊德提出的防衛機制如壓抑、否認、合理化等，在語言層面也有對應的表現。語言的中斷、遲疑、轉換話題，往往是這些心理機制在語言表達中的實踐痕跡。例如：當案主無法正面說出「我感到被背叛」，可能會轉而說「有些事說不清楚」或「不太方便講」，這些語言縮減都是防衛系統的語言代理。

語言貧乏與內在心理封鎖

某些人在特定主題上會表現出語言貧乏，如只會重複少數詞彙，或無法細膩描述經驗，這種現象多與內在情緒封鎖、經驗未整合、認知拒斥等心理動因相關。語言之所以流失，不是能力缺損，而是心理上的封口命令阻止了敘事展開。

社交壓力與語言迴避策略

在高社交焦慮或權威情境中，語言流失現象更為常見。說者可能擔心說錯話、被批評、暴露弱點，因此潛意識選擇放棄語言輸出來維持表面穩定。這種迴避行為在社交語境中極具隱蔽性，但實為強烈防衛反應。

文化與性別對語言防衛的調節

在某些文化中，特定性別或身分角色較不被鼓勵公開表達情緒與衝突，因而語言防衛表現更加頻繁。男性在面對悲傷、脆弱等情緒時常出現語言收斂；女性在面對衝突與權威時也可能選擇語言模糊或主動語塞，這些文化性差異構成語言防衛的結構背景。

治療場域中的語言沉默意涵

在心理治療中，案主沉默並非治療停頓，而是重要的心理訊號。語言流失往往意味著某個情緒節點、創傷記憶或潛在欲望即將浮現。此時的沉默是一種語言的邊界，也是一個等待被理解的心理間隙。

語言空白與情緒張力的關聯

語言空白常伴隨生理變化（如喉嚨緊繃、呼吸加快）、表情僵硬或眼神閃躲，這些現象說明語言流失背後的情緒張力。在這些時刻，情緒與語言的連結被中斷，是潛意識對當下語境的防衛回應。

重建語言的治療歷程

語言流失不代表語言能力的終止，而是心理歷程中語言系統的暫時撤離。透過陪伴、解釋與情緒承載，治療師可協助案主從沉默中重新建立語言連結，並將失語部分轉化為敘事素材，使語言再次承載情緒經驗。

防衛機制與語言消音的心理學總結

語言的流失與防衛機制緊密相關，是潛意識自我保護的語言面貌。它既是沉默的心理化表現，也是重新尋找語言與情緒平衡的過渡地帶。理解口語流失現象，有助於我們更敏銳地覺察語言缺席時潛意識的存在方式，並為治療對話開啟更深層的理解之門。

第四章
誤讀與潛意識文字編碼：閱讀行為的心理深層

第一節　閱讀錯誤與視覺語境衝突

閱讀錯誤的心理起點

閱讀錯誤 (misreading) 是指在文字閱讀過程中，讀者將詞語、句子或段落誤解、誤看、錯讀，進而偏離原意的心理現象。這種錯誤常被視為注意力不集中或視覺障礙，但精神分析觀點指出，閱讀錯誤其實是潛意識在語境中投射自我結構的具象行為。

視覺語境的心理干擾

當我們閱讀一段文字時，眼睛所見不只是圖形排列，而是心理語境的延伸。讀者在接收文字時，不可避免地帶入情緒狀態、記憶經驗與期待內容，這些主觀背景構成所謂「視覺語境」。當視覺語境與文字本身產生衝突時，閱讀錯誤便悄然發生。

心理投射與文字誤判

例如：在焦慮狀態下閱讀新聞標題「颱風將至」，可能會錯看為「災難降臨」，這種錯讀即是潛意識將內在焦慮情緒投射到視覺接收的文字上。讀者實際閱讀的是內心，而非紙面文字，錯誤由此展開，揭示潛意識與視覺之間的心理糾纏。

快速掃讀與錯誤預測的聯動

在現代閱讀環境中，快速掃讀成為主流，讀者常憑記憶與預測補足未看清楚的文字。然而預測本身具有強烈的心理選擇性，潛意識會自動選擇與自身情緒一致或過往經驗相關的內容，導致文字辨識出現偏誤，閱讀錯誤因而更容易發生。

視覺誤讀與語義重構

視覺誤讀不僅是字形錯判，也可能引發整段語義的重構。例如將「權力交接」誤讀為「權力鬥爭」，會徹底改變句子的語意方向，這種語義重構不只是技術性錯誤，而是情緒與認知偏誤在語言層次的展演。

語境模糊與錯讀容忍度

當文本本身語境模糊、不夠明確，錯讀發生率也會上升。潛意識在語境不穩定的情況下，會積極介入文字解碼，填補語義空白。此時閱讀的主體性大幅提升，而文本的客觀性則逐漸退場，使閱讀行為成為潛意識的表演場域。

情緒狀態對錯讀頻率的調節

研究指出，情緒高張（如憤怒、焦慮、悲傷）狀態下，錯讀發生率顯著提高。負面情緒會使讀者更傾向於選擇符合情緒傾向的字詞進行閱讀，即便這些字詞實際上並不在文本中，這正是潛意識以「讀錯」方式完成自我暗示。

錯誤閱讀的象徵性線索

閱讀錯誤常呈現出象徵性，如將「門打開」看成「心敞開」，這些語義轉換不僅揭示了語意錯置，也展現了心理需求的語言轉碼。象徵性錯讀是潛意識將抽象情緒轉化為具象文字的心理軌跡，具有解讀價值。

治療語境中的閱讀反應分析

在心理治療中，案主對治療材料、書籍、指引性文字的誤讀，常透露其內在衝突。例如將「情緒調節」理解為「情緒壓抑」，即反映案主對情緒管控存在誤解與抗拒。這類閱讀錯誤可作為潛意識訊號，輔助治療對話深入進行。

閱讀錯誤與視覺語境的心理學總結

閱讀錯誤不是技術問題，而是心理活動的痕跡。潛意識會透過視覺語境影響文字解讀，將內在情緒與記憶投射於閱讀行為中。理解錯讀如何運作，有助於我們重新認識閱讀這一活動的深層心理意涵，也為解讀個體心靈狀態提供一扇重要的觀察窗。

第二節　誤讀作為潛意識文本

誤讀現象的潛意識結構

誤讀，指的是將一段文字理解為與原始意圖不同的內容，常見於字詞替換、句意誤解或語境錯置。從精神分析角度出發，這種錯誤不僅是語言辨識失誤，更是潛意識試圖將壓抑內容置入語言系統的表現，是一種替代性文本的生成過程。

誤讀不只是「錯」而是「說」

誤讀的發生，其實是另一種意義的生成。讀者不是單純看錯，而是潛意識主動改寫，藉由錯誤地「說出」某種內在訊息。當我們將「我愛自由」讀成「我害怕自由」，這種誤讀即成為潛意識語言的自白書，超越原文的語意邊界。

潛意識文本的重構功能

誤讀實際上創造了「潛意識文本」，也就是一套與原文語意不同，卻與讀者心理結構緊密相連的解讀系統。潛意識會選擇性地強化某些語詞，忽略某些段落，甚至強行連結語意，以重構一個符合其內在經驗與情緒的語義場域。

心理投射與讀者角色的扭曲

在誤讀的過程中，讀者往往不自覺將自我角色帶入文本情節中，形成角色錯位與動機誤認。例如在閱讀一篇關於父權體制的報導時，誤將「父權控制」讀為「父愛引導」，反映出個體潛意識對家庭控制議題的心理抵抗與理想化修飾。

誤讀中的潛抑與合理化

讀者面對某些難以接受的文本內容時，可能會透過誤讀進行心理合理化。將批評性文字理解為建設性建議，或將挑戰性觀點轉化為中立敘述，是潛意識為避免情緒衝擊而修改文本意義的防衛策略。

誤讀作為創造性文本解讀

潛意識文本並非總是負面干擾，也可能激發創造性理解。在詩歌、哲學、象徵性文學的閱讀中，誤讀所產生的語義滑動反而開啟多重解讀路徑，使讀者在潛意識參與下重新創造語言意涵，形成文本互動的心理層次。

誤讀與過往創傷的對話關係

誤讀有時會喚起與過往創傷經驗相關的情緒。例如將「海」讀成「害」、將「安寧」讀成「壓抑」，這些誤讀反映出讀者未解的情緒記憶尚未整合，潛意識透過誤讀重構過去，使閱讀成為記憶重返的心理現場。

誤讀的象徵運作邏輯

潛意識喜愛使用象徵語言，誤讀經常正好觸動某些基模（Schema）。如將「火焰」誤讀為「毀滅」，即暗示個體對能量、欲望或怒氣的潛在恐懼。這些象徵性誤讀不僅揭示心理結構，亦提供臨床語言分析的重要素材。

誤讀與罪惡感的潛在聯動

某些誤讀會喚起罪惡感，特別是當錯解內容涉及道德、權力或性別議題時。這種誤讀與內在價值觀衝突有關，潛意識一方面想要觸及這些議題，一方面又以錯解的方式將其隱藏在語言背後，形成罪惡與否認的雙重語境。

治療語境中的誤讀介入

心理治療中，案主對文字的誤讀常成為進入其情緒脈絡的切入點。治療師可邀請案主說明其理解過程，並協助其辨識潛意識內容如何參與文本意義的生成，進而將誤讀轉化為自我理解與情緒釋放的心理素材。

誤讀作為潛意識敘事的心理學總結

誤讀並非閱讀能力的偏差，而是潛意識敘事的另一種語言型態。它將閱讀轉化為心理參與的過程，將文字意義置換為情緒與記憶的映像。我們透過誤讀認識自身，也透過誤讀與潛意識對話。理解這一心理動態，是深入文本與自我之間的必要途徑。

第三節　文字聯想的替代過程

替代性聯想的閱讀起點

在文字閱讀的歷程中，讀者經常會在無意間將一段文字與另一組經驗、情緒或詞語產生聯想，形成與原文無直接關係的心理替代。這類聯想常非出於理性推論，而是由潛意識所引導，其產生的替代關係揭示了語言背後的心理動力。

聯想誤差的潛意識結構

當讀者將「風景」聯想到「逃避」，或將「光線」聯想到「審視」，這些看似無關的連結，其實來自個體心理經驗中已建立的情緒迴路。這種替代性聯想非單純語意錯誤，而是潛意識試圖透過類比或轉換，使得個體能以可接受形式處理心理議題。

替代語言的防衛與轉化功能

文字聯想的替代現象，常扮演心理防衛的角色。當讀者無法正視某段情緒或記憶，潛意識便會藉由相似語詞進行「轉化處理」。例如對於父親的壓迫經驗，可能在閱讀「建築」一詞時聯想到「封閉」，這種轉化將內在情緒置於較中性語彙之中，減少心理衝擊。

聯想跳接與語言滑移機制

潛意識的運作不受語法邏輯限制，因此在閱讀中會出現語意跳接與語詞滑移的現象。這些滑移如同夢境中意象的變形，將不同層次的記憶與情緒進行壓縮與置換，使閱讀成為潛意識探索的場域。

文化脈絡與聯想路徑的形成

文字聯想受到文化經驗的深刻塑形。例如在臺灣社會中，「柚子」可能聯想到中秋節、「香灰」可能引出祭祖意象，這些文化載體與個體經驗交織，使替代性聯想成為集體與個體記憶交會的語言表現。

情緒飽和詞彙的替代理性

在情緒過載時，讀者更傾向於將語言替換為與情緒相容的詞語。例如面對「解釋」時聯想到「指責」，即是潛意識無法承受某類語意所進行的感性替代。這種行為反映出語言系統的情緒化調節功能。

聯想誤導與誤讀之差異

與誤讀不同的是，文字聯想中的替代關係不一定涉及語義錯誤，而是意味層次的轉移與重構。誤讀多發生於視覺層面，而聯想替代則是意識與潛意識之間的語意滑動，是心理活動於語言載體中的延伸行為。

潛意識語境的觸發線索

某些詞語因其高度情緒負荷或符號性，極易觸發聯想替代機制。如「門」、「牆」、「鏡子」等意象，經常被潛意識擴大解釋為開放、阻隔或自我反思，成為閱讀過程中心理圖像替換的典型標記。

聯想文字的夢語特性

文字聯想所產生的語義置換，與夢境中的象徵語言有高度相似性。夢中「水」可能代表情緒，而閱讀中看到「河流」時想起「哭泣」，即是潛意識語言邏輯的運作。這說明潛意識並未在醒著時終止語言操作，而是持續以替代聯想重構語言經驗。

聯想替代與治療對話的應用

心理治療中，當案主針對文字表達出「不知為何想到某件事」時，治療師可透過探索這些替代性聯想，進入案主內在情緒的副文本。這些語言上的心理轉接站，往往比文字表面更能直指情緒核心。

替代聯想的心理學總結

文字聯想不只是語言的裝飾功能，而是潛意識操縱語言的核心機制之一。透過替代性聯想，我們得以觀察情緒如何潛入語言，如何在詞語間建立心理地圖。理解這一過程，是揭示語言深層結構與自我理解歷程的重要一環。

第四節　誤讀與夢境語言的重疊

夢語與誤讀的語言結構共通性

夢境語言與誤讀現象在精神分析脈絡中具有高度結構相似性。夢語呈現出意象跳接、語義模糊、語法斷裂等特徵，這些特質也正是誤讀發生時的常見形式。兩者皆非依據語法規則進行表達，而是潛意識透過語言進行重組、遮掩與轉喻。

誤讀作為夢語的清醒片段

誤讀可視為清醒狀態下的夢語遺緒。當讀者錯讀一段文字時，其實是潛意識在語言中進行象徵置換，如夢境般將壓抑內容隱喻呈現。這類錯讀行為像是夢境的延伸，於白日中繼續上演潛意識的敘事。

象徵轉換與語言遮蔽的平行操作

夢境語言常以象徵代替直接表述，將情緒或記憶轉化為具體畫面，如水象徵情緒、樓梯象徵變動。誤讀亦如此，將一段理性文本錯誤解讀為與情緒有關的內容，是語言遮蔽與情緒轉移的語意演出，反映出心理壓力在語言中的解放路徑。

誤讀中的壓縮與移置機制

佛洛伊德指出夢境透過壓縮（condensation）與移置（displacement）機制將多重意義置於單一象徵上，誤讀中的語義替換也展現這一點。例如將「清晨陽光」誤讀為「最後晚安」，反映的是情緒場景的壓縮與時間意義的錯置，是潛意識操控語言所留下的痕跡。

語意錯亂與夢中邏輯的對應

夢境不服從時間與邏輯結構，其語言中充滿矛盾與跳接。誤讀行為中若產生語意錯亂，如將希望讀為恐懼，將稱讚讀為攻擊，則與夢語中的邏輯錯置高度雷同。這類錯亂不是理解能力的偏差，而是心理投射的語言映射。

潛意識敘事在閱讀中的浮現

誤讀往往不只是一字之差，而是整段語義的偏轉。讀者以個體的潛意識圖像重寫原文，建構出一段符合情緒脈絡的新敘事。這種現象與夢境形成過程相似，皆為潛意識編輯資訊、重新詮釋現實的語言行為。

誤讀與夢境重現的治療價值

心理治療中，案主描述夢境與誤讀時常透露相同心理主題。誤讀是語言層次的夢，是潛意識藉由文字進行再度表演的場景。治療師可透過對誤讀與夢境的對比分析，辨識其情緒核心與心理投射模式。

閱讀中的潛意識導演角色

如同夢境由潛意識主導剪輯，誤讀則是閱讀場中的心理導演。讀者非被動接收文字，而是主動重組文本，選擇性忽略、扭曲或替換某些語句，使閱讀成為內在世界的重現舞臺。

誤讀的象徵言說與夢境的共鳴場

誤讀中常見的象徵性語言與夢境高度重疊，如火、海、門等意象的誤解，往往不是偶然，而是心靈象徵語彙在語言場域中的交錯出現。這些象徵提供解碼潛意識的素材，也使文字閱讀與夢境詮釋成為同質化歷程。

誤讀與夢境語言的心理學總結

誤讀並非閱讀的失敗，而是夢境語言在日常語境中的再現。它以語言偏差為出口，使潛意識能夠在清醒世界持續說話。透過誤讀，我們得以窺見語言如何被心理結構重新編排，也揭示潛意識敘事如何跨越夢境與現實，延展為一種持續對話的象徵操作。

第五節　期望效應與認知投影

認知預期如何重塑文本解讀

在閱讀歷程中，讀者並非被動接受文字，而是主動預測接下來的內容。這種認知預期由過往經驗、文化框架與情緒傾向構成，對閱讀理解產生強大影響。當預期與文本本意產生差距時，讀者會不自覺將期望內容加諸於語言表面，形成誤讀與心理投射的現象。

期望效應的心理學背景

心理學中所謂的「期望效應」(expectancy effect)，是指個體的行為或理解會因主觀預期而發生改變。在閱讀中，這種效應讓潛意識將某種語義視為理所當然，並據以篩選與解釋資訊，即使這種語義並未出現在文本之中。

語境啟動與投射解讀的動態關係

文字一旦落入特定語境，便不再中性。例如：在新聞報導中看到「青年在公園聚集」，若讀者預設「聚集」代表抗議行動，便可能自動聯想到社會動盪。這種投射式解讀來自潛意識情緒與認知偏好交織下的即時推演，是心理閱讀的一部分。

潛意識如何引導閱讀範疇

潛意識會主動引導讀者尋找與其內在一致的語言線索。例如內在渴望安全的人，在閱讀政治新聞時更易解讀為「穩定」、「秩序」的訊號；而焦慮傾向者則偏向抓取「混亂」、「危機」等暗示語。這種篩選過程根源於潛意識對世界的基本立場。

誤讀與期望不符的情緒抵抗

當文本內容與個人預期不符時，讀者可能產生防衛性誤讀。例如原文談論「獨立性」，讀者卻讀成「孤立感」，這反映其潛意識對於人際距離議題的情緒過敏，也可能是個體尚未整合的內在衝突。

文字空白處的意義填補

文本的「留白」往往成為投射最密集之處。文學、詩歌或哲學文本中常出現曖昧不明的語句，這些空白處使讀者得以依照自身情緒與經驗填補意義。填補過程不僅是一種理解行為，更是心理再創作的展演，是期望效應的發揮場域。

社會集體期望與閱讀模式

某些閱讀偏誤來自於社會文化中普遍存在的集體期望。例如將女性角色的堅定理解為冷酷，或將少數族群的堅持視為挑釁，這些來自文化框架的投射，導致讀者未經反思地依循既定模式解讀文本，是潛意識服從社會語義秩序的結果。

認知投影與原生家庭經驗

讀者的原生家庭經驗也會形塑其閱讀風格與語義偏好。例如成長於批判性環境者，傾向將中性句解讀為指責；來自壓抑家庭者則易將語言中的情感熱度誤解為衝突。這些認知投影是閱讀行為中潛意識長期養成的影響力。

治療語境中的閱讀期望解構

在心理治療場域中，案主對指導性語言或療癒性文本的過度詮釋，常源於其對於改善的強烈渴望與對失敗的潛在恐懼。治療師若能協助其拆解這些期望與實際語言的差距，將有助於案主重建更貼近現實的語言理解結構。

期望效應與認知投影的心理學總結

閱讀從來不是純粹的文字理解，它是潛意識參與、情緒投射與經驗濾鏡交織的心理歷程。期望效應讓我們預見文字中不存在的意義，認知投影使我們以自我之鏡閱讀世界。理解這些作用，有助於解讀我們在閱讀中的心理偏誤，也讓我們更清楚潛意識如何悄然介入我們的語言世界。

第六節　閱讀疲勞與心理偏差

閱讀疲勞的心理背景

閱讀疲勞（reading fatigue）是一種常見但容易被忽視的心理狀態，當個體持續接收大量資訊、處於高度專注或面對情緒張力時，會出現注意力渙散、理解能力下降、詞句跳讀等現象。這些表徵並不僅是生理反應，更與心理負荷密切相關。

認知資源耗竭與語言理解力退化

在閱讀持續進行一段時間後，大腦處理語言與情緒的前額葉區會逐漸產生認知資源耗竭。此時的閱讀行為變得機械化，理解力與記憶力下降，讀者容易出現語義誤解或重複錯讀，是一種心理防衛的自動撤退模式。

情緒壓力對語意處理的干擾

若閱讀內容涉及個人情緒敏感區，如童年、創傷、失敗經驗等，即便表面上只是單純的詞句，潛意識也會啟動情緒警報，使語言處理能力降低。此時讀者會以分心、打斷、遺漏字句等方式回應，是潛意識為減輕情緒衝擊所做的調節。

閱讀疲勞與語言選擇性失焦

閱讀疲勞狀態下，語言焦點會從核心意義轉向次要細節，導致讀者將關鍵字視而不見，反而放大無關詞句的感受。如在閱讀「愛的表現」時，只捕捉到「責任」、「忍耐」，忽略了情感表述，這反映心理傾向對特定概念的選擇性遮蔽。

語義遺漏與心理防衛機制

在閱讀疲勞的過程中，語義遺漏成為常見現象。特別是在面對涉及壓抑經驗的文本時，讀者可能出現「看到但不記得」、「看過卻毫無印象」的情形，顯示其心理防衛機制啟動，主動排除潛在情緒威脅內容。

認知負荷與閱讀速度的非線性關係

一般認為閱讀速度下降代表疲勞，但實際上在某些情況下，讀者反而加快閱讀速度以逃避深入理解，形成所謂「高速逃避型閱讀」。這種現象使得誤讀率提高，錯誤理解與潛意識防衛形成交互作用。

情緒逃避與視線移轉策略

當文字內容引發潛意識的不適，讀者可能會以眼神閃爍、跳行閱讀、甚至直接略過段落的方式處理。這些視覺行為不只是注意力渙散，更是情緒逃避的象徵，是心理無法承受語言內容時的即時撤退。

身體疲憊與心理過載的界線模糊

閱讀疲勞常被誤解為單純的視覺或身體問題，事實上它往往是心理過載的外在顯現。當閱讀涉及太多認同矛盾、角色衝突或未解壓抑，身體便會以頭痛、眼酸、倦怠等形式表達心理不適，是潛意識透過身體語言發聲的過程。

治療語境中的閱讀疲勞辨識

在心理治療中，閱讀作業若造成案主明顯抗拒、疲倦或語句斷裂，治療師應留意是否有潛藏心理壓力介入。適時將疲勞作為情緒線索分析，可揭示案主與文字之間的心理界線與防衛歷程。

閱讀疲勞與心理偏差的心理學總結

閱讀疲勞並非單一的注意力問題，而是潛意識面對語言壓力時所發動的調節機制。它包含情緒逃避、認知負荷錯置與心理防衛的動態運作。理解這些過程，有助於我們辨識誤讀背後的不只是錯字，而是未被說出的情緒真相。

第七節　主觀經驗的文字重構

閱讀中的主觀介入現象

文字雖看似客觀存在，但閱讀行為本質上是一種主觀經驗的重構。每位讀者都會根據自身背景、情緒狀態與認知模式，對同一文本產生不同詮釋。這種詮釋偏移即是潛意識在文字世界中介入的證據，將語言重組為與內在經驗一致的敘事。

個體記憶如何重寫語意

當讀者閱讀與過往經驗相似的情節時，潛意識會主動呼應記憶圖像。例如一段描述「童年房間」的文字，可能在一人眼中激起溫暖，在另一人心中引發壓抑，語言因而被不同的記憶結構所再造，成為情緒敘事的觸發器。

情緒投射對文本理解的轉向

讀者常將內在未言明的情緒投射到語言中，使原本中性的敘述被解讀為帶有批判、關懷、諷刺等語氣。例如「她走進房間」這句話，焦慮傾向者可能讀成「她突然闖入」、而安全型人格則可能視為「她平靜地進入」。這些微妙偏移反映出心理結構如何操縱語意方向。

主觀語境與潛意識語彙選擇

在閱讀過程中，潛意識會偏好特定類型的語彙並加以強化。例如處於失落狀態的讀者，會對「分離」、「空洞」、「沉默」等字詞特別敏感，這些語彙不只是字面內容，而是主觀經驗的語言再現，是潛意識正在選擇與排列語言地景。

文化背景如何滲透閱讀經驗

個體的文化背景會決定其對文字的情緒反應與價值判斷。例如「家」在亞洲語境中常承載義務與連結，在西方則較強調個人空間。這些文化內涵滲透文字解讀，使閱讀不僅是語意處理，更是文化認同的再確認過程。

原型意象與閱讀的心理投影

榮格提出的「集體無意識」中蘊含原型意象，如母親、英雄、陰影等，這些原型會在閱讀中被投射至角色或情節上。當讀者不自覺地將角色對應至自我經驗中的母親或對手，閱讀便成為基模的重演舞臺。

主觀重構與文本真實性的模糊

當主觀詮釋過於強烈，讀者往往忘記原文為何，僅記得「自己讀到的版本」。這使文字的真實性被模糊，閱讀結果更接近「心理敘事」而非文本敘事。這種主觀重構雖充滿偏差，但也揭示個體如何使用語言來整合自我經驗。

潛意識語序重排的語言現象

在主觀重構中，讀者可能改變句子順序、刪去語句或添加語意連結，使原句變形。這種潛意識的語序重排並非有意為之，而是一種「情緒對應邏輯」，使句子與讀者的內在情緒達成一致。

主觀詮釋與誤讀的交會點

主觀重構並非總是錯誤，但當其偏離文本過遠時，便可能與誤讀重疊。誤讀是潛意識失控的產物，而主觀重構則可能是潛意識刻意導向理解的結果，兩者在閱讀實踐中常難以區分，但皆反映心理結構對語言的深度加工。

主觀重構在治療語境中的應用

治療中，案主對療癒文本、故事或過往事件的主觀重構，常可揭示其心理核心。例如將中性事件解讀為羞辱，或將輕微批評讀為否定，皆顯示案主對自我價值的敏感與防衛。這些主觀詮釋是心理治療的重要進路。

主觀經驗文字重構的心理學總結

閱讀是一場潛意識的參與行動，文字只是入口，主觀經驗才是場景主體。透過主觀重構，個體得以將過往情緒、文化記憶與心理原型編織入語言之中。理解這一過程，有助於我們看見潛意識如何藉文字說出從未言說過的自我敘事。

第八節　錯字與社會語境之間

錯字的心理與文化意涵

錯字不只是語文能力上的疏失，更是一種社會語境與潛意識共同作用的產物。在心理學視角中，錯字可視為語言輸出的微型偏差，透過這些偏差，我們得以察覺潛藏的社會規訓、文化影響與自我認同掙扎。

錯字的社會學符號

在特定語境下，錯字可能被視為階級、教育程度與文化資源的象徵。例如在求職信、正式簡報或媒體報導中出現錯字，常被解讀為「不夠專業」或「不夠嚴謹」，此評價反映出社會對語言表現的階序期待與象徵管制。

錯字作為非主流語言實踐

在網路文化與青年次文化中，錯字反而成為自我風格的展現方式。用「洨編」取代「小編」、以「惹」代替「了」，這些錯誤形式本身即是一種語言的反叛，是對標準語言規範的抵抗與改寫，顯示語言並非靜態系統，而是被權力結構與文化勢力所交織。

錯字與自我定位的張力

有些人在撰寫正式文件時容易產生錯字，這可能是潛意識對角色定位尚未穩定的心理徵候。例如剛進入管理階層者在書信中頻繁出現錯字，是其內在仍未完全接受「我就是領導者」的身分，語言因此出現不自覺的鬆動。

錯字與語言焦慮的心理投射

語言焦慮（language anxiety）會加劇錯字的出現，特別是在公開書寫或高風險表達情境中。此現象背後往往隱藏著對自我表達能力的懷疑與自尊脆弱感，是心理防衛系統與語言表現之間的拉鋸結果。

潛意識的干預與拼字錯誤

有些錯字的出現與潛意識干預有關，尤其是那些「理應不會寫錯」的字詞，例如將「幸福」寫成「辛福」、「開始」寫成「結束」。這些表面上的錯誤，實則可能是內在衝突的語言投影，呈現出語者情緒傾向的痕跡。

錯字與文化變遷的語言證據

語言是一種隨文化變動而轉化的系統。隨著簡訊、即時通訊與社群平臺普及，錯字逐漸失去錯誤意涵，而成為一種「語言節奏調整器」。例如將「我也要」寫成「我咬」，雖違反語法，但增添了情緒表現與節奏趣味，是語言創新的一種形式。

錯字作為注意力轉移的心理訊號

當讀者在面對大量資訊時，其注意力分散會提高錯字出現機率，這些錯字即為心理資源重新分配的證據。特別在涉及高情緒張力的語句中，錯字常集中於關鍵字上，反映出語者潛意識中對該詞語的情緒壓力。

誤植與社會標籤的雙重邏輯

在教育或考試制度下，錯字往往成為分類機制，例如作文中錯字過多即被視為語文能力不足。這種現象使錯字不僅是語言問題，更是社會標籤的生成工具，使語者在語言表現上承受過度的文化壓力。

錯字與治療語境的反思應用

在心理治療中，案主的書寫錯字可能反映出某些潛意識議題，特別是重複出現的關鍵字錯誤。如反覆將「自由」寫為「罪由」，或將「愛」寫為「礙」，這些錯誤中隱含的象徵意義，可作為潛意識解碼的重要入口。

錯字與社會語境的心理學總結

錯字不是純粹的語法疏忽，它是潛意識與社會語境交錯下的產物。它揭示了語言的不穩定性，也突顯了文化規訓與自我認同之間的緊張關係。理解錯字的心理與文化脈絡，讓我們在語言偏差中看見深層心理與社會結構的對話現場。

第九節　誤讀中的心理象徵系統

誤讀作為象徵性語言的入口

誤讀不只是理解錯誤，更是潛意識進入文字的隱喻之門。在許多閱讀經驗中，錯誤地理解某個詞彙或段落，往往帶有強烈的象徵性暗示。這些象徵性誤讀揭露了心理結構如何將抽象的情緒、欲望與恐懼，轉化為具體的語言符號進行表達。

象徵機制與心理防衛的交集

佛洛伊德指出，潛意識經常藉由象徵來表達被壓抑的衝突。誤讀正是這一過程的語言實現形式。例如將「陰影」誤解為「幽靈」，可能不只是視覺疏忽，而是內在焦慮或創傷經驗所投射的意象，是一種象徵性的逃避與顯現。

集體意象如何滲入個人誤讀

榮格所提的集體無意識與原型理論提供了解釋誤讀裡共通象徵出現的理論架構。如「山」常被誤解為「障礙」、「海」誤為「無助」等，這些象徵具有普遍性，說明誤讀行為不僅來自個人心理結構，也受到深層文化原型影響。

誤讀與情緒轉化的符號過程

人在閱讀時若遇到與自身情緒相牴觸的語言內容，潛意識會選擇性將之轉譯為較可接受的象徵形式。例如將「分離」看作「成長」或將「責任」誤讀為「束縛」，這些象徵性誤解並非邏輯錯誤，而是情緒轉化的心理必要。

語言的隱喻運作與誤讀結構

語言的本質充滿隱喻性，而誤讀正好揭示了隱喻的潛意識起點。當讀者在解讀語言時自動將具象詞轉譯為抽象情緒（如將「門」看作「關係」的入口），誤讀便不只是錯誤，而是心理隱喻活動的一環。

象徵錯誤與夢境語言的交錯性

誤讀與夢境語言有高度重疊性，兩者皆呈現出象徵系統的自由聯想特質。例如夢中看見「落石」象徵心理危機，而誤讀「跌倒」為「失控」亦為類似表徵。在這些錯誤中，潛意識借用語言實體投射出心理內容，是象徵性語言的變形續篇。

誤讀中的象徵常模與文化模板

誤讀往往遵循某些象徵常模，例如「火」＝憤怒、「水」＝情緒流動、「鏡子」＝自我意識等。這些常模在不同文化中雖略有差異，但基本象徵結構仍可跨語境辨識，顯示誤讀背後存在一套潛在的文化模板供潛意識取用。

象徵性誤讀的治療轉化可能

在心理治療中，象徵性誤讀可作為案主自我探索的契機。當案主將「放棄」誤讀為「自由」時，可能代表其對解脫與壓力的情緒混合，治療師可藉此引導其進一步探討象徵背後的情緒訴求與心理需求。

誤讀如何重塑文本的象徵網絡

誤讀常促使讀者在原文之外另建一套意義系統，形成屬於個體的「象徵網絡」。在此網絡中，原文本成為心理象徵的媒介與投射場，使閱讀轉化為情緒釋放與心理整合的場域，是文字意義的重組工場。

誤讀中的象徵結構心理學總結

誤讀之所以具有研究價值，不在於其錯誤本身，而在於其所揭示的心理象徵結構。透過誤讀，我們得以洞見語言如何成為潛意識的象徵容器，理解人如何藉語言說出不能直接說的事。這使誤讀成為通往潛意識深層的語言橋梁，也讓閱讀行為充滿心理轉譯的可能。

第十節　潛意識如何操縱閱讀決策

閱讀不是中立行為，而是選擇行為

閱讀看似是一個線性過程，實際上卻處處充滿選擇。從選擇何時開始閱讀、決定閱讀哪些段落、關注哪些詞語，到略過哪些句子，這些行為看似理性，卻常在潛意識的操縱下進行，是心理偏好與情緒傾向的集體展演。

潛意識如何選擇性吸收語言

人在閱讀時並不平等地對待每個字句，潛意識會選擇性強化某些語言資訊，並弱化甚至完全忽略其他內容。例如焦慮型讀者在閱讀文章時，特別容易捕捉到與危險、威脅、批評有關的語彙，即使這些語彙並非文本重點。

語義導向與內在需求的交叉點

個體的內在心理需求會無形中引導其閱讀走向。例如內心缺乏被認可經驗的人，往往會特別注意文本中出現的讚賞語句；而處於關係衝突中的讀者，則容易將無關語段理解為「指涉自己」。這些閱讀決策源於潛意識的補償與轉移作用。

興趣偏好如何遮蔽文本全貌

潛意識不僅決定我們「看到什麼」，也在不斷告訴我們「不需要看到什麼」。讀者往往根據自己熟悉或喜歡的領域選擇性閱讀，並對陌生或不舒服的主題略過、跳讀甚至遺忘，這使得閱讀理解並非知識獲取的客觀過程，而是自我建構的偏向性實踐。

語言迴避與防衛性閱讀策略

防衛機制會在閱讀過程中表現為語言迴避。例如：對於性議題有焦慮的讀者可能會在閱讀相關文本時產生「視覺滑移」現象，即眼睛迅速掃過段落卻無法真正處理內容。這種潛意識驅動的閱讀策略有助個體暫時維持心理穩定。

無意識的語句重組與誤解風險

在潛意識操控下，讀者常會對句子順序或結構進行無意識的重組。例如將「我不害怕改變」解讀為「我害怕改變」，這種微妙誤解反映出潛意識偏好的語句邏輯，也暗示個體的情緒真實狀態與語言加工之間的矛盾。

脈絡選擇與潛意識篩選機制

同一段文字在不同語境中可能產生不同解讀，而潛意識常在不知不覺中「選擇」其希望存在的脈絡。例如讀者若處於被拒絕經驗後閱讀一封信，潛意識會自動聚焦於其中任何可能暗示疏遠的語句，即使原文語氣是中性的。

閱讀動機與心理補償機制

潛意識也會影響閱讀動機的產生與持續。人們會選擇閱讀能滿足其心理需求的文本：渴望掌控的人傾向閱讀規則與策略類內容，情緒壓抑者則可能熱衷心靈雞湯或詩歌。這些閱讀行為在本質上是補償內在不足的自我修復機制。

避讀行為與潛在抗拒心理

不僅選擇閱讀是心理過程，選擇「不閱讀」亦然。避讀某些文本，常與潛意識的抗拒相關。例如拒絕閱讀關於失敗、死亡、衝突的內容，並非單純不感興趣，而是潛意識為避免喚起未處理情緒所施加的閱讀禁令。

潛意識操縱閱讀的心理學總結

閱讀不只是視覺過程，更是心理選擇過程。潛意識在閱讀中主導注意力分配、內容詮釋與情緒反應，進而操控我們對文字的接受與抵抗。理解潛意識如何參與閱讀決策，有助於我們重新掌握語言與心理之間的隱密互動，也讓閱讀成為更具意識覺察的內在探索歷程。

第十一節　文本認知與防衛性理解

防衛性理解的心理背景

閱讀並非單純的資訊接收行為，而是一種認知加工歷程。當閱讀內容涉及個體的敏感經驗或情緒痛點時，潛意識會啟動心理防衛機制，轉變理解方式，使之符合自我保護需求。這種過程即為「防衛性理解」，是潛意識對語言訊息的調節與重構方式。

否認與選擇性理解的語意機制

當面對不願接受的事實時，讀者常以選擇性理解的方式進行心理否認。例如在閱讀關於自我限制的章節時，只注意文字中的正向語句，忽略警告與挑戰部分，是一種潛意識逃避心理痛苦的策略。

誇大正向語意的補償行為

另一種常見防衛性理解，是過度放大文字中的正面訊息，將之解讀為肯定、鼓舞或祝福，即便文本原意可能較為中性或模糊。這種解讀是一種心理補償機制，彌補內心不安或自信不足的情緒缺口。

辨認風險訊號的過度敏感

相反地，有些讀者對文本中可能的負面語意特別敏感，容易將中性敘述視為批評、威脅或拒絕。例如將「你需要調整方法」解讀為「你做得不夠好」，這是投射與防衛同時作用的結果，顯示自我價值的不穩定。

防衛性理解中的詞語重構

在潛意識作用下，個體會對關鍵字進行重構。例如將「自主」理解為「被迫獨立」、將「界線」解釋為「疏離」，這些語義偏移反映出個體內部的情緒設定與關係經驗，語言於是被扭曲為符合內在圖像的版本。

情緒性誤讀與認知簡化

當閱讀引發高度情緒反應時，理解便傾向簡化與二元對立。讀者將文本劃分為好與壞、對與錯，忽略其多義性與語境脈絡。這種簡化是防衛系統減少情緒負荷的方法，使閱讀結果較容易被心理整合。

防衛性閱讀的文化變項

不同文化中對情緒表達的態度，會影響防衛性理解的類型與強度。例如在強調壓抑情緒的文化中，讀者傾向否認文本中關於情緒釋放或自我揭露的段落;而在情緒開放文化中，則可能過度認同文字中的情緒張力。

治療語境中的防衛性解構

在心理治療過程中，防衛性理解的辨識與解構是重要工作之一。治療師可透過案主對書面文本、對話內容或過往事件的理解偏差，協助其看見防衛模式與內在情緒間的連繫，促進自我覺察與心理調整。

語意遮蔽與真實需求的落差

防衛性理解最終可能導致語意遮蔽，使個體錯過文本中真正能回應其需求的部分。當語言不再對應真實情緒，而僅服務於防衛系統時，閱讀便失去了轉化力量，也阻斷了語言作為心理連結的功能。

防衛性理解的心理學總結

閱讀理解並不總是通往真相，它也可能是避開真相的心理機制。透過否認、簡化、投射與誤解，潛意識構築了一套語言防線，使個體在面對內在衝突時得以維持表面穩定。辨識這些防衛性理解機制，有助於我們看見語言如何既成為自我保護的工具，也可能是通往深層覺察的路徑。

第十二節　誤讀與自我對話的交錯

誤讀如何啟動內在對話

誤讀行為往往並非終點，而是潛意識自我對話的起點。當個體錯誤解讀文字時，潛意識會以詮釋、質疑、辯解等方式回應所「看到的」內容，進而展開一段內在的語言對話。這些對話成為自我認知、情緒整理與價值反思的載體。

錯解與內在聲音的啟動關係

閱讀時出現的誤讀，常會觸發內在聲音的跳出，例如：「這真的說的是我嗎？」、「我怎麼覺得他在批評我？」這些聲音雖看似理性質疑，實則是潛意識對話的具象化，是個體面對誤讀所產生的心理回應機制。

自我對話的語言裂縫

誤讀製造的語言偏差，恰恰為自我對話提供了「裂縫」。這些裂縫讓個體得以跳脫線性理解模式，進入反思性語境。例如錯將「自由」讀為「孤獨」，引發的自我詢問可能是：「我是否將自由與被遺棄劃上等號？」此類思辨即是誤讀所引發的心理探照。

潛意識對話的防衛與揭露雙面性

誤讀中的自我對話既是防衛也是揭露。當語言偏移時，潛意識可藉此繞過理性監控說出平時難以意識的情緒。但這同時也會揭露個體尚未整合的內在矛盾，讓誤讀成為情緒矛盾的鏡像折射。

替代語言中的對話輪替

個體在誤讀後，常出現語言角色的轉換，內在會有多種聲音輪番發言，如「批判的我」、「辯護的我」、「質疑的我」。這些角色不斷替換話語主體，構成一場心理對話劇場，讓閱讀超越語意的接收，而成為語言與自我的辯證過程。

誤讀與自我敘事的重整契機

透過誤讀觸發的自我對話，個體往往得以重新檢視自我敘事邏輯。例如將「別人不認同你」讀為「你就是失敗的」，反映的是個體將價值綁定於外部評價的內在敘事模式，透過對話與辨識，有機會解構這種自我否定公式。

誤讀的主觀化與認同浮現

誤讀也提供了認同探索的場域。當個體將不相關的文字解讀為針對自身時，潛意識其實正在尋找「我是誰」的語言線索。這種將閱讀文本主觀化的傾向，是自我認同尚未穩定的心理現象，是潛意識試圖透過語言建立認同感的反應。

語意誤讀與心理鏡像效應

誤讀內容常成為一面心理鏡子，反映出個體的情緒狀態與心理結構。例如對文本中的「孤獨者」角色特別敏感，或誤將中性人物理解為「敵人」，皆顯示出內在鏡像如何參與閱讀，將語言世界轉化為自我反射場域。

治療場景中的誤讀與內在談話

心理治療中，案主對文本的誤讀往往伴隨自我辯證歷程。治療師可藉由引導案主描述誤讀後的想法流動與情緒變化，協助其辨識哪些語言其實來自自我聲音，進而促成更深的自我整合與敘事重構。

誤讀與自我對話的心理學總結

誤讀雖源自理解偏差，卻開啟了通往潛意識的對話之門。透過這些語言錯位，個體能進入深層自我詢問、價值挑戰與情緒釐清的歷程。誤讀讓我們看見，語言錯誤從來不只是問題，也可能是自我對話最真實的契機。

第五章
忘卻與抗拒：
潛意識如何逃避責任

第一節　意向遺忘的心理起點

意向遺忘並非偶發，而是系統性逃避

人們常會忘記已設定的計畫與承諾，像是答應回電卻沒打、預約見面卻未出席，或把重要事項拖延到最後一刻。這種「忘記要做的事」稱為意向遺忘（intentional forgetting），其心理動力並非單純記憶失誤，而是潛意識對某種行動產生抗拒的結果。

潛意識中的衝突驅力

在意向遺忘背後，常隱藏著內在的衝突。當一項任務同時喚起「應該做」與「不想做」的矛盾情緒時，潛意識傾向選擇遺忘來暫時解決這種心理張力。這種現象揭示了行為動機與心理防衛機制的拉鋸本質。

記憶抑制的心理學證據

根據記憶研究者 M. C. Anderson 的「抑制理論」（inhibitory control theory），人類能透過認知機制有意識地壓制某些記憶內容，讓它們難以被提取。而在意向遺忘的情境中，這種壓制不是針對事件記憶，而是針對執行動機的情緒投射。

行動意圖的心理矛盾圖譜

一位工作壓力大的個案曾承諾要幫同事準備會議簡報，當天卻「突然想不起來」。追溯其心理歷程，實際上他對這位同事感到不滿，卻又不敢明說。潛意識於是選擇以遺忘來迴避情緒衝突，同時保有表面上的「好意」形象。

執行功能中的情緒過濾器

在執行功能（executive function）的運作中，情緒常扮演過濾器的角色。若某任務與負面情緒高度關聯，個體將傾向自動排除該任務的記憶提示，這是潛意識保護機制的一種形式，也是選擇性注意力的外化表現。

認知失調與行動延宕的連鎖效應

當人們在面對與自我形象不一致的行動要求時，常會出現「認知失調」（cognitive dissonance），例如一位自認守信的人卻不願履行麻煩的承諾，此時「遺忘」變成一種無需承認的逃避出口，不必道歉也不需辯解，讓自我形象得以倖存。

意向記憶中的情緒汙染

意向記憶（prospective memory）指的是記得要做某事的能力，而情緒則會「汙染」這一記憶。當某項任務喚起羞愧、焦慮或無力感時，潛意識會試圖抹除相關提示線索，使意向記憶被弱化甚至中斷，成為潛抑作用的一部分。

忘記，還是選擇不去記得？

日常生活中我們說「我真的忘了」，但從精神分析角度來看，這往往不是遺失記憶，而是潛意識刻意將某件事「不予記得」。這類心理選擇行為的本質在於保護自我，避免面對過多責任、羞愧或關係摩擦。

自我欺瞞與心理代償的機制

意向遺忘也伴隨著某種自我欺瞞的策略。我們透過「我太忙了」這類說法，為自己的遺忘行為辯解。這些辯解不僅安撫他人，更讓自我免於面對真實的拒絕動機，是一種心理代償行為的表現。

治療視角下的意向遺忘重構

在心理治療中，辨識意向遺忘的重點在於追問「這件事被忘記，對你有什麼好處？」藉由協助案主看見遺忘如何服務於某種潛意識需求，治療師能夠引導其從逃避模式轉向意識參與，進一步釐清情緒阻力與行動障礙。

意向遺忘的心理學總結

意向遺忘並非單純記憶失誤，而是潛意識選擇性迴避行動的心理策略。它是一場無聲的抗拒，也是一場未說出口的對話。透過理解這些「遺忘」背後的情緒衝突與自我保護機制，我們得以更精確地看見行動缺席中的心理邏輯，從而開啟更深層的自我理解。

第二節　行為決策與矛盾情緒

決策非理性，而是情緒拉鋸的產物

在日常生活中，許多看似理性的行為選擇，其實根植於潛意識層面的情緒衝突。個體在面對行動抉擇時，往往陷入「知道應該做」與「實際不想做」的心理矛盾。這種矛盾並非單純的懶惰或拖延，而是一種深層的行動抗拒機制，其動力源頭來自未被意識接納的情緒拉鋸。

情緒在決策中扮演的隱形角色

行為決策看似基於邏輯與資訊，但實際上，情緒是其中關鍵驅力。根據心理學家安東尼奧·達馬西奧（Antonio Damasio）的「體驗標記假說」（somatic marker hypothesis），情緒是我們在決策過程中判斷風險與預期結果的基礎。當某個選項喚起焦慮、羞恥或壓力，潛意識便會傾向避開該行動，即使它在理性上是必要的。

決策衝突與自我形象的斷裂

個體在抉擇過程中若感受到某個行動會破壞自己所建構的自我形象，就可能透過迴避、遲疑或模糊策略來防衛。例如：一名自認為「樂於助人」的人被要求拒絕朋友的請求時，內在便產生角色衝突，最終可能選擇以模糊答覆或無聲拖延來解決這場心理矛盾。

行動的情緒門檻：從焦慮到拖延

行動需要穿越一個情緒門檻。當個體對某項任務產生焦慮、恐懼或自我懷疑時，即便其能力充足，也會出現遲疑、延宕或完全不行動的情形。這種現象是「行動抑制」的典型表現，是潛意識壓抑衝動與逃避風險的整合結果。

行為選擇中的內在語言矛盾

潛意識不僅影響情緒感受，也操控我們對語言的理解與使用。當面臨困難抉擇時，內在對話中可能出現「我應該……」與「我不想……」的語言衝突，形成無法統整的心理語境，使得個體陷入反覆思考、難以行動的決策癱瘓狀態。

認知分裂與責任投射的心理防衛

為了保護自我形象，個體可能會將行為責任外部化，將抉擇推託為「時間不對」、「別人也沒做」等外在條件。這種心理防衛策略是一種責任投射行為，避免直面內心的抗拒與衝突。

情緒迴避與動機模糊化

個體有時會刻意模糊行動動機，以逃避情緒壓力。常見語言如「我還沒想清楚」、「再看看狀況」實則是潛意識的防禦話術，用以避免啟動內部行動衝突與責任判斷。

抉擇過程的動力分裂與修復

在心理治療中，辨識個體在行為決策中所經歷的「動力分裂」（motivational splitting），有助於協助案主整合其「應該做」與「不想做」之間的心理張力。透過語言敘事與情緒歷程的還原，案主可逐步修復被撕裂的自我動機結構。

情緒衝突如何重寫行為意圖

當內在情緒衝突未被覺察或表達，行為意圖往往會遭到扭曲或延宕。例如：一名案主原本計劃主動發起對話，但因擔心被拒絕而「突然忘了打電話」，這種看似偶發的行為實則是情緒拉鋸對行動意圖的重寫結果。

行為決策與矛盾情緒的心理學總結

行為決策並非純粹的理性演算，而是潛意識情緒與自我需求之間的角力場。當情緒衝突未被看見、整合與表達，行為就會以延宕、模糊、錯誤或乾脆中止的方式呈現。透過理解這些矛盾情緒，我們方能在行為選擇中重拾心理一致性，並促進更穩定的自我實現。

第三節　主觀抗拒與行為逃避

抗拒從未缺席，只是化為沉默的行為

當個體不願執行某項行動時，抗拒不一定表現在語言上，而是透過行為中的「靜默否定」表現出來。這種抗拒形式可能是拖延、忽視、錯誤執行，甚至是表面同意卻實際擱置。抗拒的心理基礎並非懶惰，而是一種潛意識對命令、期待或責任的回應策略。

順從表象下的隱性抵抗

許多人在社會壓力下學會表面順從，實際上內在強烈抗拒。他們口頭說「好」，但行為上卻總是「來不及」或「剛好忘了」，這種現象在心理學中被稱為「被動攻擊型行為」（passive-aggressive behavior)，本質是一種行為化的情緒抵抗，往往源自早期經驗中無法直接對抗權威的壓抑歷程。

抗拒與自我感的拉鋸戰

行為逃避背後的心理機制與自我感（sense of self）密切相關。當某項任務或要求被個體認為會削弱自我主體性，或破壞自我一致性時，潛意識會透過行為抗拒維護其心理邊界。這種抗拒行為看似消極，實則是對自我權限的積極捍衛。

抗拒並非不想做，而是不願被控制

一項心理研究顯示，當人們感受到選擇自由受限時，即使該行動原本在意願範圍內，也會出現抵制傾向（reactance)。這種「反向心理」使得個體以遺忘、反向執行或假裝不理解等方式進行無聲抗議，其目的並非拒絕任務本身，而是抗拒被他人主導行動節奏。

語言中潛藏的抗拒痕跡

即便個體口頭上未明言反對，其語言常藏有逃避與抗拒的線索，例如「我再想想看」、「到時候看看」或「不確定有沒有空」等語句，其潛臺詞是「我不願意承諾」或「我不想要做但又無法明說」。這些語言表達揭示出潛意識試圖在社交期待與內在真實之間尋找模糊地帶。

自我期許與現實壓力

當個體在自我期許與外部壓力間找不到平衡點時，抗拒便成為調節機制。心理上希望表現出色、負責與被肯定，但實際感到任務壓力過大、自我資源不足，便會透過行為逃避回應這種雙重負荷。逃避不一定表示不願，而可能是「我撐不起來」的非語言訊息。

社會角色與抗拒表達的形式差異

不同社會角色在表達抗拒時展現出差異化模式。例如在職場中，下屬常透過拖延或執行不完整來表達對上級的不滿；而家庭中，孩子可能透過拒絕收拾、成績退步或話語反抗表達對管教的不滿。這些行為表現皆為主觀抗拒的外顯型態。

抗拒行為的治療性閱讀

在心理治療場域中，抗拒常是案主尚未自覺的核心議題。治療師若能敏銳察覺案主言談中的矛盾語氣、遲疑用語與無形逃避，便能引導其從「做不到」轉向「我其實不願做」，開啟情緒與行為之間更誠實的對話關係。

抗拒與行為逃避的心理學總結

主觀抗拒並非無能或懶惰，而是一種潛意識捍衛自我完整性與選擇權的心理反應。透過理解行為逃避中的潛藏情緒、語言線索與社會情境，我們得以看見抗拒如何在沉默中說話，也明白真正的行動缺席其實蘊含了豐富的心理言說與未竟的自我聲音。

第四節　目標延遲與潛意識拉鋸

延遲行動不是沒有目標，而是情緒未準備好

許多個體並非缺乏目標，而是在面對目標執行時反覆延遲，無法跨出第一步。這種目標延遲行為的背後，潛藏著潛意識與顯意識之間的拉鋸戰。目標成為一個心理象徵場，不只指向未來的行動，也牽動對自我價值、恐懼、挫敗與控制感的綜合投射。

執行延宕作為心理保留機制

心理學家提摩西·派希爾（Timothy Pychyl）研究發現，延遲常源於情緒調節失敗，而非時間管理問題。個體為了避免進入可能引發焦慮、評價或挫敗感的行動情境，會不自覺

地將目標「擱置」，這是一種潛意識的自我保護策略，讓心理保有對未來行動的「可能性」，而非當下的實踐風險。

拉鋸來自於期望與能力的落差

在潛意識中，行動意味著暴露，特別是當目標高度理想化時，個體可能會對自身能力產生懷疑。這種懷疑會轉化為拉鋸的情緒波動：一方面渴望達成，一方面卻擔心失敗所帶來的自我否定。這種兩難情緒常成為行動遲滯的心理根源。

延遲與控制幻想的關係

延遲行動也可能反映一種控制幻想。個體將目標掌控在「尚未開始」的狀態中，可以避免結果的不確定性與無能感。潛意識透過延宕，維持一種對自我掌控力的虛構穩定，雖然這份穩定是建立在行動空白之上。

自我理想化與啟動困難

某些個體對目標的設定極為完美與理想化，這使得實際行動變得困難重重。當行動結果無法與理想形象對齊時，潛意識便傾向於維持想像而非承擔現實落差。這種心理策略保護了理想自我，也間接延宕了真實的成長與嘗試。

延遲語言的心理暗示功能

在日常對話中，我們經常使用「等我準備好再開始」、「下週再來處理」等語句，這些語言不僅是時間上的安排，也是潛意識的語言暗示。這種語言的背後，隱含著「我還不願面對」、「我還沒整理好情緒」等心理訴求。

時間壓縮下的內在壓力放大

當目標被不斷延遲，時間壓力會逐步上升，形成一種壓縮性焦慮。這種焦慮反而進一步阻礙行動，使個體陷入「越來越不能動」的惡性循環。潛意識在此過程中強化焦慮循環，讓原本的目標從可行轉為心理負擔。

拉鋸情緒的防衛性構造

延遲不僅是一種行動選擇，也是一套情緒防衛系統的構造結果。潛意識傾向使用延遲來逃避當下的不安，這種「延遲性安慰」暫時降低情緒衝突，但也延後了真正的心理調節。

治療現場中的延遲對話

在心理治療中，案主常表現出行動延遲，對某些話題總是「下次再談」、對改變總說「等我有時間」。治療師若能深入探問延遲背後的情緒內容，將可幫助案主看見那些尚未處理的恐懼、焦慮與自我要求，重新建立行動的心理支撐。

目標延遲與潛意識拉鋸的心理學總結

行動延遲不是時間管理不當，而是潛意識在保護個體免於情緒傷害的同時，也建構出一套行動的拖延機制。透過理解這種拉鋸背後的情緒衝突與心理防衛，我們可以更細緻地看見每一次「等一下」的語言中，其實都藏著尚未整合的自我聲音。

第五節　任務遺忘的動機分析

忘記做事，還是不想去做？

日常生活中，我們經常會忘記一些本該完成的任務，從回覆電子郵件、支付帳單，到履行與人約定的承諾。這類任務遺忘，表面上看似記憶失誤，實則往往涉及潛意識層面的選擇與動機。當心理動能與行動責任產生衝突時，「忘記」便成為潛意識採取的一種行為策略。

動機性遺忘的潛意識操作

根據佛洛伊德的觀點，所謂的「動機性遺忘」（motivated forgetting）並非偶然，而是潛意識為了減輕心理衝突與內在焦慮而啟動的防衛過程。當一項任務牽涉到內心矛盾、恐懼或抗拒時，潛意識可能選擇抹除相關記憶線索，使個體產生「我真的忘了」的錯覺。

任務特性與遺忘風險的關聯

研究顯示，具有以下特性的任務特別容易被「遺忘」：一、需面對他人評價；二、涉及自我價值測試；三、超出個體自認能力範圍；四、來自外在強加的要求。這些任務激起的情緒壓力，使潛意識更傾向啟動遺忘來避免內在不適。

情緒壓力作為認知干擾因子

任務遺忘與情緒狀態密切相關。當任務與焦慮、羞愧、內疚等情緒交織時，認知系統的運作會受到干擾，導致注意力難以集中，記憶線索難以形成或提取。此類遺忘表面為認知問題，實質上則是情緒主導的心理防衛。

任務遺忘的語言脈絡

我們在遺忘任務後常說「我沒記得這件事」、「你沒再提醒我」，這些語言除了表達遺憾，也隱含了責任轉移與情緒卸除的功能。潛意識透過語言尋找替代責任的出口，使個體避免面對「我不願做」的真實心理動因。

抗拒包裝成遺忘的心理利益

將抗拒包裝為遺忘，對個體具有一定心理利益。這種行為可維持人際關係的表面和諧、避免衝突，也能維護個體自我形象不被「不配合」或「不負責任」的標籤所破壞。潛意識在這裡展現出極高的社會運作智慧。

習慣性遺忘與內在矛盾的重複劇場

若個體經常遺忘相似類型的任務，表示其潛意識在該類任務上有深層抗拒未被處理。例如某些人總是忘記填報表格、繳交報告、整理帳務，可能源於對制度、控制或責任的潛在反感，是自我價值與社會期待之間的重複衝突。

任務遺忘與潛意識抗議的表徵

在某些情境中，任務遺忘不僅是防衛，也是潛意識的抗議方式。當個體感受到被要求過多、未被理解或處於無力狀態時，遺忘成為一種無聲的抗議語言，透過「沒完成」來向外界發出「我不認同」的心理訊號。

治療歷程中的遺忘辨識

在心理治療中，案主的任務遺忘往往隱含著未說出的情緒與抵抗。治療師若能協助案主辨識遺忘的重複模式，並探索其背後的動機與意義，可幫助案主重建對任務的主體感與心理能動性。

任務遺忘的心理學總結

任務遺忘並非純粹的記憶故障，而是潛意識在壓力、恐懼、角色衝突與自我維護間所做出的選擇。透過辨識這些動機性遺忘的情境與語言表達，我們能更準確地看見個體行為背後的情緒張力與心理策略，進而在行動與心理之間建構出更誠實、整合的連結。

第六節　生活瑣事中的抗拒跡象

瑣事不小，潛藏心理對話的線索

人們經常忽略生活中的小事——忘記倒垃圾、沒回訊息、錯過提醒，但這些看似瑣碎的遺漏，其實可能是潛意識的抗議訊號。當這些現象反覆出現時，它們往往不只是疏忽，更可能是個體心理壓力、抗拒情緒與角色衝突的映照。

小事拖延的心理重量

一件五分鐘就能完成的小任務，為何會被延宕數日？從心理角度來看，這些拖延不單純是時間管理問題，而是該任務在潛意識中被賦予了超出本身的情緒重量。它可能象徵著壓迫、服從、無力或關係中的責任焦慮，因此被潛意識抵制。

重複性遺漏的象徵性意涵

當某人總是在相同類型的事情上出現遺漏，例如永遠忘記回某人的訊息、總是不記得週五開會，這類「特定性失誤」透露出與該對象或該行為間的潛在抗拒。例如忘記回主管訊息，可能不是記憶問題，而是個體內心對權威的無聲反抗。

瑣事錯誤作為心理安全距離

生活瑣事常涉及人際互動，例如忘記交代、誤解資訊或遲到，這些錯誤在人際關係中形成心理「安全距離」。個體透過失誤拉遠與他人的預期距離，減少壓力，維持心理界線，是潛意識在自我保護下的行為調節模式。

瑣事失誤與自我價值的微調策略

有些人會在小事上「選擇性失敗」，藉此轉移對重大失敗的恐懼。例如過度追求完美者，反而在瑣事上常出錯，這是一種心理釋放的表現。透過容許小錯誤，個體得以減輕對大任務的焦慮負擔，維持整體的心理穩定。

語言日常化中的抗拒痕跡

日常語言中如「我又忘了拿鑰匙」、「我真的記不起來」，不僅是陳述事實，也往往是一種自我揭露的形式。這些語言透露出個體內在的失序狀態，也可能暗示著不願承擔責任或期望逃避的心理動機。

關係動力與瑣事遺漏的連動

生活中的瑣事遺漏常與關係動力密切相關。例如一位配偶總忘記買另一半喜歡的飲料，可能在潛意識中對該段關係的不滿或疲乏透過「不記得」來呈現。這種遺漏是行為層次的抗議語言，揭露了情感連結的裂痕。

規律錯失與潛意識訊號的捕捉

若個體在特定時間、場域或角色中出現規律性瑣事錯誤（如只在週一上班忘帶員工證），則可視為潛意識不願進入該角色狀態的訊號。這些「錯誤」是情緒與身分認同衝突的外顯線索，提供解碼心理狀態的重要入口。

日常抗拒行為的治療應用

心理治療中，若案主反覆在瑣事上表現出失控與延遲，治療師可循此挖掘背後的情緒積壓與心理防衛。這些看似無害的小行為，其實隱藏著巨大的情緒密度，是潛意識在安全場域中的試探與發聲。

生活瑣事抗拒的心理學總結

瑣事之所以重要，並非因其任務本身，而在於它們如同心理地表的裂痕，透露著潛意識中尚未言說的抗拒與情緒負擔。理解這些細微現象，我們便能在日常的重複錯誤中，看見潛意識如何悄悄訴說一個不願面對的真相。

第七節　責任逃避的心理話術

語言作為行動的替身與遮蔽

當人們面對責任壓力時，潛意識常透過語言形式，建構一套具有保護性與防衛性的話術系統。這些語言結構不僅用來回應外界的期待，更是一種迴避行動與情緒承擔的心理策略。透過說法來替代實際執行，語言遂成為責任逃避的代言人。

話術背後的防衛機轉

例如「我真的太忙了」、「最近有點亂」、「下次一定補上」等語句，乍聽合理，實則是潛意識替自己製造心理退路的方式。這類話術有助於維持自我形象的正面性，避免直接面對失敗、無能或不合作的內在感受。

道歉話術與模糊責任的操作

有些語言表面是道歉，實際上卻在模糊責任歸屬。例如「對不起，我不知道你那麼在意」這句話，暗含「錯不全在我」的立場。此類說法不僅卸除罪責，也保留自我價值，是一種語言層次的心理平衡術。

社交策略中的語義轉換

責任逃避的話術亦常出現在社交互動中，特別是當面臨人情壓力時。語言如「讓我再想一下」、「我怕我做不好」實為拒絕與退讓的形式，透過語意緩衝達到行為脫身的目的，也讓自己避免衝突與尷尬。

自我保護下的語言偽裝

語言亦可作為心理偽裝的工具。例如使用過度謙遜（如「我很笨啦」）或預設失敗（如「反正我不會成功」）的說法，是為了提前預防評價與拒絕，避免真正進入考驗與責任位置，是一種預防性語言防衛機制。

話術循環與責任空轉

若語言被不斷用來替代行動，便會形成「話術循環」的心理結構。個體在言語中承諾，在行動上卻遲遲未動，使責任的執行陷入空轉。這種語言與行為的脫節反映出潛意識對行動負荷的高度抗拒與能量不足。

語言合理化與內在矛盾的壓抑

在責任逃避話術中，最常見的是合理化語言：「我不是不想做，只是真的有太多事」、「其實大家也沒很在意吧」。這類語言看似在解釋，實則是壓抑真實矛盾情緒的形式，是潛意識為了保持自我一致而進行的心理妥協。

語言背後的情緒需求辨識

若能辨識責任話術中所傳遞的情緒訊號，我們便可解讀語言背後的心理需求。例如反覆說「我可能辦不到」的人，往往渴望的是肯定與支援；經常說「我很爛啦」的人，可能期待的是關懷與接納。話術的出現，不只是逃避，也是請求。

治療脈絡中對話術的轉化

在心理治療中，案主若頻繁使用逃避性話術，治療師可藉由鏡映與重述，引導其正視語言與行動的落差。例如將

「我會努力看看」轉化為「你現在想做什麼」，使案主逐漸離開語言防線，回到具體行動與內在需求的覺察。

責任話術的心理學總結

責任逃避不僅發生在行動中，也深植於語言裡。語言成為潛意識躲避壓力、保護自我、轉移矛盾的重要手段。當我們能夠聽見話術中的情緒訊號與心理防衛，就能在語言的縫隙中，看見一個渴望被理解、卻又不敢承擔責任的真實自我。

第八節　無聲抗議的記憶模式

忘記不是偶發，而是有方向的心理語言

有些遺忘不是記憶系統的失效，而是潛意識刻意的選擇。當個體面臨不願明說、無法表達或害怕衝突的情緒時，「忘記」便成為一種無聲的抗議行為。這些記憶模式透露出壓抑情緒與權力關係的交織，是潛意識選擇性沉默的一種形式。

被動式遺忘作為心理邊界的重劃

有些人總是「忘了」幫另一半處理某件事，或「不記得」某位朋友的請託，這種重複性遺忘常表現為一種對關係中角

色定位的不滿。潛意識透過遺忘來劃定邊界，試圖宣告「我不是你理所當然的支援者」，是對關係期待的反動與重構。

無聲對抗的日常偽裝

當抗議無法大聲說出口，潛意識會選擇將它包裹在生活細節中。例如總是忘記與某人約定的時間、常在某類型工作中出錯，這些現象不單是記憶斷片，而是心理對抗的具象化。這類無聲抗議形式，將抗拒化為遺漏，既逃避衝突又暗中表態。

忘記做某事的象徵意涵

「忘記打電話」、「忘了提醒」、「沒帶重要物品」等行為，若呈現出重複性、選擇性與關係依附性，就不只是隨機事件，而可能是一種象徵性抗議。這些遺忘表達了「我不想再這麼做了」、「這份角色我不願再扮演」的潛在心理立場。

記憶模式的社會角色抗拒

不同社會角色在記憶錯誤中表現出的抗拒也各異。母職角色中，母親「忘了」教孩子功課；職場中，下屬「不記得」主管交代的事。這些遺忘不完全是能力問題，而是角色壓力與自我價值衝突在記憶系統中的微妙折射。

情緒過飽與記憶消音機制

當情緒過飽和無法宣洩時，潛意識會選擇從記憶系統中「拔除」某些責任性內容。例如面對過度期待、情緒操控或情感勒索時，遺忘成為一種心理避難所，協助個體保持情緒平衡，是心理防衛機制的內化表現。

無聲抗議中的權力重構

潛意識遺忘行為也反映出權力關係的重整。個體無法正面與對方協商角色安排，只能透過記憶「失效」來抵制現有模式。這種抗議方式既保留關係，也暗示關係需重新談判，是心理層次的權力再分配策略。

誤解與冷淡的情緒誤讀風險

無聲抗議容易被誤讀為冷淡、不負責任或不在意，導致他人反應過度或關係惡化。因此這類抗議形式雖能暫時避開正面衝突，卻常在長期關係中累積誤解，形塑出不對等、猜測性強的互動風格。

治療過程中的記憶再訪與情緒轉譯

在心理治療中，無聲抗議的遺忘模式需透過記憶再訪與情緒轉譯來解構其背後意圖。治療師可透過具體事件的重建，引導案主辨識其遺忘是否服務於某種未說出口的拒絕、疲乏或內在權力反彈。

無聲抗議記憶的心理學總結

無聲抗議是一種深具隱喻性的遺忘形式，它讓潛意識得以在不對抗、不說明、不撕破的情況下，維護自我與關係的某種心理邊界。理解這種記憶機制的象徵性與重複性，有助於我們解讀行為背後未說的心聲，亦為關係修復提供轉譯入口。

第九節　計畫落空與選擇性忽略

忘了做，還是不想做？

當人們未能完成原本安排好的計畫，經常歸因於「事情太多」、「一忙就忘」，但若這種情形一再發生，便可能是潛意識的選擇性忽略在作祟。計畫落空，未必是偶然或時間管理不當，更可能是一種情緒防衛與行動抗拒的混合表現。

計畫初期的心理張力累積

在計畫的形成階段，個體可能處於高度理想化與期待中。但當預期與現實落差浮現，焦慮與壓力會快速累積，潛意識為避免面對失望與自我懷疑，會轉向「忘記」這一看似中性的行為選項，以逃避內在的負面情緒。

情緒優先的決策再排序

潛意識在處理多項任務時，往往以情緒風險高低而非任務重要性作為排序標準。當某計畫帶來的情緒風險高（如被批評、遭拒絕、失敗），個體便可能將其置後甚至遺忘。這種選擇性忽略實際上是心理保護排序的結果。

自我形象維持與延宕策略

若某項計畫可能暴露個體能力不足或使其承認錯誤，潛意識會傾向選擇不執行或拖延執行。此舉有助於維持自我形象完整，避免面對內在的羞愧感與自責。因此，落空的計畫可能是一種非語言的自我保護與情緒調節方式。

記憶選擇性沉默的心理機制

計畫被「忘記」其實是記憶系統在潛意識干預下的選擇性沉默。研究顯示，情緒負擔會降低大腦對特定任務提示的敏感度，導致個體錯過時間點、遺漏準備步驟，最終形成「怎麼會忘了」的經驗性錯覺。

社交壓力中的功能性落空

在多人合作或公共角色中，計畫落空亦可作為一種迴避責任與壓力的語言行動。例如某人承諾發表簡報卻未完成，背後可能是對評價焦慮或角色負擔的不安感，藉由任務失誤來「功能性地退出」一個過度緊張的情境。

潛意識中的計畫「冷卻」過程

心理學家庫爾特．勒溫（Kurt Lewin）曾提出「目標冷卻」理論，指出未完成的目標若未持續受到心理活化，會逐漸被潛意識冷卻並排出行為優先序列。這種過程在高度情緒干擾下尤其顯著，使原本有動機的計畫最終被自然「遺忘」。

語言中的行動真空語彙

「我以為還有時間」、「原本今天要做」、「本來記得但後來沒空」等語言，顯示出個體透過語言為行動失敗做出解釋與心理鋪墊。這些話語在減少自責的同時，也透露出潛意識為失敗預設的情緒緩衝機制。

治療現場中的計畫落空意涵

在心理治療場景中，案主未完成作業、未出席會談或反覆未實踐承諾，常是潛意識選擇性忽略在現實中的展現。治療師可藉由這些行為的頻率與情緒語境，協助案主辨識其未說出口的壓力、疲憊或抵抗。

計畫落空的心理學總結

計畫落空不單是失誤，更是潛意識與情緒邏輯作用的結果。理解落空背後的心理動因，有助我們在行動失敗中辨認自我保護、壓力過載與關係緊張的訊號。從中修正行動預期與情緒能量配置，才是讓計畫再次成真的心理起點。

第十節　行動抵抗的情緒背景

不只是拖延，而是一種心理防衛

行動抵抗經常被誤解為懶惰、散漫或意志薄弱，但從心理學的觀點來看，這種現象常常是潛意識對壓力與情緒矛盾所做出的防衛性回應。當個體的行動與其內在情緒需求產生衝突時，行動抵抗便會作為一種潛藏的抗議與保護機制浮現出來。

抵抗情緒的三種基本類型

行動抵抗背後的情緒動因大致可區分為三種：恐懼型（如對失敗的焦慮）、憤怒型（如對外在壓力的不滿）與倦怠型（如長期超載導致的心理疲乏)。這些情緒表面上未必被清楚意識到，卻會以拖延、反覆變卦或無聲拒絕的形式干擾行動進行。

潛意識如何重構「不動」的正當性

為了維持自我價值與關係和諧，潛意識會建構一套看似合理的說法來支持「不動」的狀態，例如「我在等更好的時機」、「我不想草率行事」、「我還需要更多資料」等語言，這些說法讓個體得以正當化其行動中斷，同時迴避面對潛在的情緒衝突。

情緒拉扯與行動暫停的對應機制

行動是情緒整合的終端表現。當內在情緒尚未整合完成時，行動往往會出現停頓、迴避或反覆調整。這種現象在心理治療中極為常見，個案即便已意識到問題，也可能在行動上持續受阻，原因常出於潛意識尚未準備好承接改變的情緒重量。

行動延宕中的內在聲音衝突

個體在行動延遲時，心中常存在兩種聲音交鋒：「我應該去做」與「我真的不想做」，這種語言上的內部矛盾反映出深層的心理拉鋸。行動抵抗即是這種衝突無法弭平時，所展現出來的具體行為表徵。

抵抗作為自我界線的確認工具

行動抵抗有時不只是逃避，也是個體釐清自我界線的方式。當外界的要求過度侵入內在界線時，潛意識會選擇「不動」來維護自我完整。例如青少年在父母督促下拒絕準時完成作業，可能不是不理解任務，而是以行為回應界線被侵犯的情緒感受。

預期失敗與行動前的自我否定

許多個體會在行動之前預期自己會失敗，因此潛意識提早啟動抵抗策略，以免真正面對失敗時造成情緒崩解。這是一種保護式否定，也是預防羞恥與挫敗的心理墊背，但同時也使個體無法進入具體實踐的學習歷程。

被動攻擊的行動心理學輪廓

行動抵抗亦可視為被動攻擊（passive-aggression）的一種。個體不直接對抗規則或要求，而是透過「沒做」、「慢做」、「做錯」等方式表達不滿與抵制。這種間接反抗形式在家庭與職場中尤為常見，潛意識藉由行動障礙傳達情緒立場。

情緒疲乏與行動失能的臨界點

當行動長期受阻且未被理解，個體可能發展出情緒疲乏與行動失能的狀態。此時已非單純的抵抗，而是一種心理能量耗竭所造成的行動癱瘓。心理治療此時需重建情緒調節機能，逐步重啟行動動力。

行動抵抗的心理學總結

行動抵抗並非行為問題，而是情緒邏輯與潛意識衝突的結晶。它是未處理情緒的行為出口，是尚未整合自我的保護性姿態。理解這些行動停滯背後的心理語法，才能使抵抗成為覺察的開端，而非前進的阻力。

第十一節　重複遺忘與習得無助

當「忘了」成為一種習慣模式

在重複遺忘的情形下，潛意識並非偶發性地抹去資訊，而是逐步建構出一種習慣性的逃避方式。這種重複性遺忘，不再是單純的記憶故障，而是象徵著個體心理防衛與學習無力感之間的交錯狀態。

習得無助的記憶背景

心理學家馬汀·塞利格曼（Martin Seligman）提出的「習得無助理論」指出，當個體在重複嘗試中經歷失敗且無法改變結果時，會逐漸放棄努力，並在情緒上發展出無力感。此機制亦會影響記憶系統，讓個體「選擇性地遺忘」那些與無能、挫敗感相關的任務與訊息。

無助感如何干擾注意與記憶

重複的失敗經驗會使注意力轉移至壓力源之外，產生所謂「情緒性注意逃避」。這使得與失敗情境相關的提示被自動忽略，進而無法進入記憶編碼階段。遺忘不再是偶然，而是由情緒主導的系統性忽略行為。

無力感的語言表徵與情緒投射

常見的語句如「我記不起來也沒差」、「反正我常常忘」、「算了，我就是這樣的人」，這些語言呈現的不只是記憶現象，更是自我認同被挫敗之後的防衛性投射。語言成為無助感的出口，也強化了潛意識中逃避行動的正當性。

遺忘的自我預言效應

當個體相信自己「總是會忘」、「做不好也正常」，這種信念便會像自我預言一樣影響其行為。潛意識在行動前就開始為失敗設定鋪陳，遺忘成為失敗的合理藉口，而非突如其來的事件。

被動記憶結構與行動停滯

重複遺忘也反映出被動記憶結構的生成。個體在壓力情境中傾向被動接受記憶訊息，缺乏主動建構與再現的能力。這使得記憶不再服務於行動規劃，而變成封存情緒與保護自尊的潛意識儲存區。

習得無助與家庭經驗的關聯

童年經驗中若經常遭遇責備、無法達成的期待，或缺乏正向回饋，便容易形成「我就是做不好」的深層信念。這種信念內化為記憶策略，導致個體習慣性地透過遺忘來預防再次面對無法掌控的現實場景。

治療現場中重複遺忘的轉化契機

治療師在面對習得無助型個案時，可透過記憶事件的重構，幫助案主看見遺忘的情緒根源。引導其回顧失敗經驗並重塑意義，有助於打破「我總是會忘」的自我敘事循環，恢復行動中的自我效能感。

重複遺忘的心理學總結

重複性遺忘是潛意識對長期無力感所做出的記憶調節反應，是情緒防衛與自我保護的語言。理解這種習得無助的記憶機制，能幫助我們辨識那些看似自然的「記不得」，其實是一種不願再面對、無力再承擔的心理選擇。

第十二節　意向阻斷與心理壓抑

意圖存在，行動卻中止的心理難題

在日常行為中，個體常會出現「本來打算做卻沒做」的情況。這種意向阻斷，指的是雖然擁有清晰的行動計畫與執行意圖，卻在執行前被某種無形心理力量中斷，最終形成行為落空。這樣的心理現象深受壓抑機制的影響，反映出潛意識如何調節行為與情緒之間的張力。

意圖與壓抑的交錯場域

佛洛伊德將壓抑視為精神生活中的核心動力，意圖雖來自顯意識的決定，但壓抑卻可能源於潛意識對該行動產生的焦慮、羞愧或不安。當行動意圖威脅到心理穩定，壓抑便會悄悄介入，使意向失效。

情緒負荷成為阻斷執行的主因

潛意識中的情緒負擔，尤其是與過去經驗有關的創傷與羞辱，可能讓個體在面對類似情境時產生壓抑。例如一位學生在報告前總是「突然生病」或「搞錯時間」，實為潛意識在保護其免於再度經歷過往的公開評價創傷。

任務迴避與責任消融的策略

意向阻斷也可被視為一種潛意識的迴避策略，讓個體得以在不說明的情況下退出責任。這種行為常伴隨「我不知道為什麼就沒做」、「我原本記得但後來沒動力」等語言，其實是行為被內部壓抑打斷後的心理殘跡。

壓抑與自我形象的對抗關係

個體在意圖實現與自我形象維持之間，常出現內在矛盾。若某項行動可能威脅到自我形象的完整性，潛意識會選擇抑制該行動。例如一名完美主義者因害怕結果不完美，而在潛意識中壓抑了「開始做」的衝動，導致任務根本未展開。

壓抑動力如何阻斷記憶喚起

心理研究顯示，壓抑機制會影響前額葉皮質對行動記憶的提取，使個體在需要執行時突然「想不起來」相關步驟或遺漏必要的材料，這種阻斷不完全來自記憶衰退，而是來自情緒避險的壓抑選擇。

情緒語言中的意向崩解痕跡

語言中出現的「我可能做不到」、「那個我還沒處理」、「我其實有點怕」等語句，是壓抑如何干擾意圖實踐的語言證據。這些語句雖非明確拒絕，卻透露出壓抑對行動的內在干預與衝突效應。

治療場域中的壓抑辨識工作

心理治療中，協助案主辨識意向阻斷與壓抑之間的連結至關重要。透過對「原本想做卻沒做」的歷程追溯，治療師可幫助案主重構其行為阻斷的心理動因，進而將被壓抑的情緒重新納入意識調節範圍。

意向阻斷的心理學總結

意向阻斷是壓抑機制在行為層面的投射，反映出潛意識如何在維護情緒穩定與行為實踐之間進行調節與干預。理解這種心理過程，有助我們覺察每一個「本來想做卻沒做」的背後，其實都是潛意識為了避免痛苦、維持自尊與重塑安全感所做出的沉默選擇。

第六章
錯置與空間：
潛意識的物件心理學

第一節　鑰匙的錯放與空間記憶

錯放不是粗心，而是心理的軌跡

許多人都有將鑰匙、手機或眼鏡錯放的經驗，事後總感到困惑與懊惱。然而，這類日常錯置行為常常不是單純的粗心，而是潛意識透過空間行為表達情緒壓力與心理狀態的方式。錯放物品，往往是一條可追蹤的心理軌跡。

空間記憶與情緒焦點的互動

空間記憶（spatial memory）是大腦儲存物體與位置關聯的系統，但其運作會受到當下情緒與心理負荷的強烈干擾。當個體在緊張、焦慮或煩躁的狀態下進行某項日常操作，例如進門後放下鑰匙，這段行為若未經注意系統標記，便不易進入空間記憶中樞，最終形成「怎麼找也找不到」的困擾。

鑰匙錯放的潛意識語言

在心理象徵上，鑰匙常代表「主控權」、「自我邊界」或「通往私密空間的權限」。當個體在特定生活階段感受到無力、邊界模糊或自主權喪失時，鑰匙便容易「被忘記」或「被錯放」。這是一種潛意識的語言表達，透過失物來訴說無法明說的心理狀態。

錯放行為與角色負荷的連結

研究指出，在承擔多重社會角色（如父母、照護者、職場管理者）的人身上，物品錯放頻率顯著提高。這並非記憶衰退，而是潛意識透過失序行為回應角色壓力。鑰匙的錯放往往不是「忘了放哪」，而是「我暫時無法處理這麼多責任」的身體語言。

位置偏移與情緒信號的遞送

錯放鑰匙的位置若具特定性，例如總是落在沙發角落、廚房檯面或廁所門邊，可能反映出該處與情緒記憶的關聯。潛意識會選擇與情緒安全感或壓力源連結的地點安置物品，使物件移動成為一種內在訊號的遞送過程。

空間記憶斷裂與心理干擾源

當大腦同時處理過多資訊或遭遇突發壓力事件，空間記憶的連續性會中斷。這種斷裂使得原本簡單的動作流程變得不穩定，例如進門放鑰匙的「肌肉記憶」被情緒訊號打斷，使鑰匙被擱置在非慣常位置，進而遺忘。

錯放行為的家庭心理象徵

在家庭系統中，鑰匙錯放可能象徵著家庭界線的不穩定或空間歸屬感的模糊。例如青少年經常錯放鑰匙，可能隱含著「我不確定這是不是我的空間」、「我渴望自由卻仍依附」等複雜心理訊息。

治療情境中的物件錯放探索

心理治療中，若案主反覆提到找不到鑰匙、常遺失私人物品，治療師可引導其探索這些行為與其生活角色、情緒壓力及自我界線感的關聯。錯放物件常是潛意識試圖重新組織現實與情緒秩序的信號。

鑰匙錯放與空間記憶的心理學總結

鑰匙錯放是一種空間記憶與心理動力交會的日常現象。透過理解錯置背後的情緒驅力與潛意識語法，我們不僅能更有效管理記憶失誤，也能聽見生活細節中潛藏的內在聲音——那些未被說出口，但已經透過空間行為表達出來的心理訴求。

第二節　物品錯置與心理對象投射

錯放不是偶然，而是心理關係的暗示

物品錯置行為不僅反映記憶與注意力的錯誤，更深層次地顯示出潛意識如何將人際關係、情緒投射乃至內在衝突轉化為空間上的錯亂行為。當我們將物品放錯位置，往往不只是找不到東西，更是在錯位中揭示了內心與外界的矛盾對話。

物品作為心理對象的延伸

根據客體關係理論（Object Relations Theory），人類會將內在情緒投射至外在物件上，進而對物品產生情感連結與象徵意涵。當我們將重要物件錯置，這種行為可能象徵著我們對某段關係的不穩、對某人情緒的模糊定位，或對自我認同的不確定。

錯置的物件反映潛意識情緒狀態

若某人總是錯放某一類型物件（如信用卡、錢包、眼鏡），這些行為可能與其對該物件所象徵的功能或關係產生抗拒。例如：錯放眼鏡者可能在潛意識中抗拒「看清現實」，而錯放錢包者則可能潛藏著對金錢控制、價值認同的情緒張力。

錯放與對象投射的具體樣態

在臨床觀察中，個案若經常錯放與特定人物有關的物品，如伴侶贈送的手錶、母親買的包包，這些錯置行為可能是在無意識中逃避與該對象的情感關聯，或表達未解決的內心衝突。錯放行為是一種不語言化的情緒表達方式。

空間混亂與心理界線的關聯

物品錯置往往伴隨空間界線的模糊。當個體在生活中感受到人際壓迫或角色混淆，潛意識便可能透過「亂放東西」來象徵內在界線的失控。這類行為特別常見於高壓家庭、共生關係或失衡職場中。

錯放物件的關係圖像重建

個體若能追蹤錯放物件的頻率、位置與物件本身的象徵意涵，便能逐步拼湊出一幅潛意識中的關係圖像。例如：一位案主經常錯放工作證與手機，經分析發現這代表他對職場身分的不確定與社交壓力的逃避。

潛意識中的對象交換錯置

某些情況下，個體會將一項物品誤放在另一項物品的固定位置，例如將遙控器放在藥盒裡、將手機放在冰箱中。這種錯位現象可能象徵潛意識中的「對象混淆」，反映其對人際關係、情緒角色或生活優先序的混亂。

錯置背後的情緒記憶殘影

物品的錯放位置若與過去情緒事件發生的場域重疊（如父親離家前總坐的椅子、爭吵時站立的廚房角落），那麼錯置行為便成為情緒記憶的「殘影」再現。這類無意識的行為指涉著情緒尚未整合的過去經驗。

治療視角下的錯置閱讀

心理治療可透過對物品錯置行為的討論，引導案主從空間操作回溯其潛意識投射。例如探討「你總把她送的筆弄丟，是什麼感覺？」，使錯置成為連接情緒、記憶與關係的探索媒介。

物品錯置與心理投射的心理學總結

物品錯置不僅是注意力的失誤，更是一種心理投射與關係調節的潛意識行為。透過辨識錯放物件的象徵意涵與位置脈絡，我們得以更深刻理解潛意識如何在空間行為中訴說未完成的情緒故事與內在角色張力。

第三節　抽屜的隱喻與失物邏輯

抽屜行為不只是收納，也是一種潛意識象徵

在日常生活中，抽屜被視為儲存物品的私密空間。然而，錯放或重複打不開抽屜、將物品塞入錯誤抽屜等行為，往往不只是操作失誤，更可能反映出潛意識中對「隱藏」、「壓抑」與「記憶隔離」的心理投射。抽屜成為內在情緒的象徵載體。

抽屜的心理象徵：封存與遺忘的場域

從精神分析角度來看，抽屜的開與關象徵著心理內容的進出。將物品隨意放入抽屜，可能反映出個體在面對壓力時傾向壓抑與快速掩蓋的處理模式；而找不到物品，則暗示潛意識中的封存行為阻斷了記憶線索。

錯抽行為與角色混淆的隱喻

許多人曾經歷將物品錯放在不常用的抽屜，或無意中在錯誤抽屜尋找東西。這種行為可能象徵內在角色混淆，表示個體對生活情境中多重角色無法區分，或對某些責任感到排斥，潛意識透過錯抽行為表達出不想面對的心理狀態。

「抽屜藏物」的自我保護策略

當人們將重要或具有情緒連結的物品藏入抽屜深處，這種行為反映了潛意識的情緒迴避策略。透過空間上的「收納」，達成心理上的「淡化」，以維持表面和諧並延後情緒面對的時間點。

層層抽屜與防衛機制的階層化

抽屜若有多層或分類（如上層放文具、中層放信件、下層放紀念品），其使用習慣也可能透露出心理防衛的層級排列。個體將情緒密度高的物品藏於最下層，潛意識中建構出「遞延處理」的邏輯，展現情緒壓抑與分層的心理機制。

抽屜錯位與失物邏輯的潛意識參與

在找尋物品過程中，若一再打開錯誤的抽屜，表示潛意識試圖在不該出現的地方尋找遺失的心理內容。這種「失物邏輯」其實是一種象徵性尋找，反映出個體在內在秩序混亂時無法有效連結記憶與空間的位置對應。

失物重現與心理壓力解放

許多人在放棄尋找某物後，竟意外在某抽屜發現。這種經驗背後，其實是潛意識在心理壓力稍解、情緒準備就緒後，才允許物品重現於可見範圍。失物的出現與心理情緒的釋放，往往形成時間上的微妙呼應。

家庭抽屜使用中的權力隱喻

在家庭空間中，誰能開誰的抽屜、哪些抽屜是「公用」與「私密」，這些使用規則反映家庭權力分配與情緒邊界。當個體經常將個人物品錯放至「非己抽屜」，可能潛藏著對家庭界線的不滿、隱私感受的模糊與歸屬的曖昧。

抽屜行為的治療應用

心理治療中可利用案主描述的抽屜使用習慣，引導其看見行為背後的象徵邏輯。例如案主若表示「我常忘了把信收好」、「總是亂放收據」，治療師可進一步探索其對過去記憶、金錢焦慮或人際關係的心理收納與排拒方式。

抽屜與潛意識失物邏輯的心理學總結

抽屜不只是收納工具，更是潛意識管理情緒與記憶的空間舞臺。透過理解抽屜錯置、錯抽與封藏行為背後的心理動因，我們得以看見潛意識如何編排遺忘、如何用空間秩序安放未被說出的情緒張力與角色衝突。

第四節　記憶與空間的心理對話

空間不是中性的，它裝載記憶與情緒

我們常說「物是人非」或「一景一物皆成追憶」，這些語言中的空間其實是一種心理投影容器。每個人對房間、樓梯間、窗臺或角落的記憶，不只是視覺經驗，更包含了當時的情緒狀態、關係記憶與潛意識的心理地圖。

空間記憶的內化結構

空間記憶不僅是一種地理定位系統，更是一種情緒記錄裝置。根據心理學家愛德華·托爾曼（Edward Tolman）所提出的「認知地圖」（cognitive map），我們不僅記得空間如何走動，更記得「在這裡發生了什麼」，這種情境性記憶內化於大腦，並與情緒系統高度交織。

房間與心理狀態的互為回饋

許多個案在生活壓力升高時，會出現房間亂掉、東西亂塞的現象；反之，當內在情緒穩定時，環境也更容易被整理得井然有序。空間與情緒之間是一種動態交互關係，房間的秩序反映內在心理的穩定度，而不是純粹的生活習慣問題。

空間意象中的失物隱喻

當我們在某處重複找不到同一樣東西，例如總是在沙發下找遙控器、總是在廚房找鑰匙，這些錯置並非全然隨機，而可能象徵潛意識對某處空間賦予特定記憶與情緒感。空間成為錯置行為的隱喻容器。

記憶與動線：行為的隱形架構

家中物品的動線規劃其實是一種日常的潛意識訓練。當物品常被錯放，很可能意味著心理節奏與行為節奏不一致。例如下班回家太累，把鑰匙隨手放在餐桌而非鑰匙盒，是心理節奏過快或疲勞導致的記憶連結中斷。

空間中的「情緒地標」

某些空間不僅是物理座標，也成為心理的「情緒地標」。例如工作壓力爆發後總是關在廁所哭，或每次大考前都坐在床邊發呆，這些空間重複與特定情緒連結，潛意識會將之標記為「情緒使用區」，而非單純的機能場域。

空間混亂與記憶衝突的關聯

空間若長期無法整理（如書桌永遠堆滿紙張），往往不是時間不夠，而是記憶與情緒衝突所致。個體可能潛意識地不願面對某些資料所指涉的任務、目標或關係，因此讓物品雜亂化，以逃避接觸這些記憶痕跡。

潛意識如何標示空間安全與危機

在創傷經驗中，空間記憶常承載巨大情緒壓力。某個房間、一條樓梯或一張桌子，都可能因某次事件而被潛意識標記為「危險」或「不可近」。這些標記將直接影響物品放置與尋找行為，也構成失物邏輯的情緒基礎。

治療過程中的空間意象還原

心理治療可引導案主回憶與空間相關的行為模式，並從中識別出其情緒結構。例如「你總把日記藏在書架後面，是什麼讓你不想讓它被看見？」這類探索有助案主重構潛意識與空間之間的心理對話，並進一步釋放長期被壓抑的情緒負荷。

空間記憶與潛意識動力的心理學總結

空間記憶不只是物品與位置的連結，更是一種情緒存放的心理地圖。錯置行為與空間使用習慣所隱含的心理語言，是理解潛意識如何調節記憶與情緒的重要路徑。透過重新整理空間，也就是重新整理記憶與心理秩序的起點。

第五節　潛意識的擺放習慣

每個物品的位置，都是心理秩序的痕跡

當我們無意識地把物品擱在某處，這些日常的小動作，實則透露出潛意識如何安排環境、投射情緒與建立安全感。潛意識的擺放習慣，不只是生活便利的結果，更是一種深層心理秩序的外在表現。

擺放習慣與情緒安定的連動

許多人有固定物品擺放的習慣，像是手機一定放在床頭、錢包永遠放在右側抽屜。這些規律不是偶然，而是潛意識透過「位置穩定」來維持情緒穩定的機制。一旦擺放位置被打亂，個體可能出現焦慮或不安感，反映心理秩序的擾動。

擺放選擇反映內在需求

物品被放在視線可及的位置，通常象徵它對個體而言具有高度控制需求；反之，被藏在抽屜深處或櫃子底層的物品，可能代表著個體尚未處理的情緒、遲疑的決定或壓抑的關係。潛意識會依據情緒親疏，決定物品距離。

習慣性亂放與心理界線鬆動

有些人總是把東西「隨手放」、「到處放」，這種習慣可能反映潛意識中的界線感模糊。他們在情感、責任、角色與生活邊界上也可能出現模糊性，無法明確區分「屬於誰」、「放在哪」、「該由誰負責」。

擺放儀式與焦慮的舒緩

部分人有特定的擺放儀式，例如睡前一定要把鑰匙放在特定角度、物品對齊或依序排列。這些行為是一種微型的心理儀式，潛意識用來對抗內在焦慮或不可控的外在世界。透過物理空間的重組，來恢復內在的控制感。

擺放行為中的文化與原生家庭痕跡

個體的擺放邏輯往往承襲自原生家庭。例如來自高壓控制型家庭的成員，可能極度重視物品整齊；而來自放任環境的個體，可能傾向隨意堆放。這些潛意識行為是早年家庭經驗內化之後的延伸記憶。

擺放錯位與自我定位困難

若個體常將物品放錯位置，或在多個地點重複擱置同樣的東西，這可能反映出當下的自我定位困難。他們在生活中找不到明確的方向或自我角色，潛意識便以「無法定位物品」的行為，隱喻性地訴說其心理迷失。

空間習慣如何形塑心理邊界

擺放習慣與個體心理邊界息息相關。某些人將物品集中於自己掌控範圍內（如臥室、書桌），代表他們有強烈的內在邊界；而物品散落於公共空間，則可能象徵個體邊界意識不明，甚至渴望在空間中尋求存在感或關係認同。

治療情境中的擺放覺察

在心理治療過程中，治療師可藉由案主描述其物品擺放習慣，覺察其情緒規律與心理需求。例如當案主表示「我東西常亂放，所以常找不到」，治療師可以探索「什麼時候最常亂放」、「那時候你的情緒是什麼」，進而引導對壓力與秩序需求的理解。

潛意識擺放的心理學總結

擺放不是無意識的生活動作，而是潛意識的空間語言。物品如何被放置，揭示了個體對控制、安全、自我與關係的深層感受。透過對擺放習慣的理解與反思，我們得以與潛意識對話，重整空間，也重整心理秩序與自我界線。

第六節　空間行為中的象徵性錯誤

錯置不只是錯誤，而是象徵性的語言

當我們將物品放錯地方、錯開順序、重複擺錯位置，這些看似偶然的行為，其實可能是一種象徵性錯誤 —— 潛意識透過這些動作表達壓力、抗拒、情緒張力與未被整合的內在衝突。錯置不只是功能性失誤，也是一種無聲的語言。

象徵性錯誤的心理架構

佛洛伊德曾指出，錯誤行為（錯言、錯動作）常是潛意識內容的外顯形式。延伸到空間行為，錯置即為象徵性錯誤的一種，個體透過「放錯位置」、「放反方向」、「忘了收回」等行為來釋放未意識到的心理壓力。

物件錯置與潛意識訊息的轉譯

當我們把重要文件放進冰箱、把藥盒丟進垃圾桶，這些荒謬的錯置行為往往承載著潛意識想說卻無法說的訊息。可能是「我不想面對這項任務」、「我想丟掉這段經驗」、「我不再相信這個系統」等情緒的象徵化轉譯。

空間錯誤的重複模式與內在焦慮

若同一錯置行為反覆出現（如總將鑰匙放進錯誤抽屜），這表示潛意識正以重複手法進行心理提示。這種重複具備強烈象徵性，往往與未解的內在焦慮、關係張力或角色失衡有關。

錯置的文化語境與象徵意涵

不同文化對空間秩序的重視程度不一，錯置在其中也承載不同象徵意義。在重視長幼秩序的家庭中，年輕人將父母物品隨意擺放，可能被視為象徵性抗議；在極度注重整齊的職場中，文件錯置則可能反映個體對制度的不滿與內在衝突。

象徵性錯誤與潛意識抗議的重疊

象徵性錯誤常見於心理無法直接對抗或說明的情境。個體在不便表達拒絕時，潛意識會透過空間錯置「表演抗議」：如故意把重要會議筆記遺落、將討厭的信件收進雜物堆中。這些錯誤本身就是抗議的形式。

空間錯誤的治療洞察

在心理治療中，治療師若能捕捉案主在日常空間行為中的象徵性錯誤，將有機會打開潛意識的對話入口。例如「你為何總將工作的東西混在家用物品裡？」此類提問能引出職場與家庭角色混淆的深層衝突。

象徵錯誤的潛意識重建機會

當個體意識到其錯置行為具有象徵意涵後，便能將這些潛意識訊息納入整合歷程。透過理解錯誤的背後語意，我們能重構壓力與需求之間的關係，進而轉化錯誤為理解與行動的契機。

空間象徵性錯誤的心理學總結

空間錯置行為不僅是行為學上的疏忽，也是一種富含意涵的心理現象。透過辨識這些象徵性錯誤，我們得以理解潛意識如何在限制中表達自由、在沉默中釋放壓力。每一次的錯放與錯置，都是潛意識用來參與現實世界的語言。

第七節　遺失物件的心理導航

找不到的東西，指向潛藏的情緒焦點

遺失某樣物品的瞬間，往往引發焦躁與懊悔。然而這不僅是記憶的問題，而是潛意識正在藉由「找不到」來引導我們

關注某些被忽略的心理需求與未處理的情緒狀態。遺失，是潛意識安排的心理導航。

潛意識如何干預尋物過程

潛意識不僅參與行為，也影響注意力與搜尋策略。當個體情緒壓力升高、內心混亂時，尋物的效率會下降，大腦甚至會自動排除關鍵提示，造成「明明放在眼前卻看不到」的現象，顯示潛意識在「不讓我們找到」的心理介入。

物件遺失的象徵性訴求

遺失物件的性質常與個體當下的情緒狀態有關。例如經常遺失眼鏡者，潛意識可能在逃避「看清現實」；總是找不到手錶者，或許正面臨時間焦慮或責任壓力。物件的功能即成為潛意識想要擱置的心理負荷投射物。

重複遺失與心理慣性

若同一物件反覆遺失，表示潛意識有某種重複訴求未被聽見。重複遺失可視為潛意識反覆提醒我們注意某一情緒、角色壓力或人際關係。例如一位案主總遺失辦公室門禁卡，實則反映其對工作環境的不認同與隱性逃避意圖。

尋物過程中的自我敘事啟動

在尋找過程中，個體常不自覺地進入自我對話：「我怎麼又搞丟了」、「我總是這麼粗心」、「是不是根本不想找到？」這些語言揭露的不僅是行為原因，更是自我敘事系統如何介入尋物歷程，進一步重構個體的自我形象與情緒脈絡。

尋物困難與家庭潛規則的投影

許多個案在家庭中曾被責備為「總是丟東西」，久而久之便內化了「我是個失控的人」的信念。這類潛規則影響個體在尋物時的焦慮與自我否定，並使得物件遺失成為家庭情緒歷史的重演舞臺。

尋找與遺失的內在博弈

潛意識有時不希望我們找到東西，因為一旦找回，就代表我們要承擔與該物件相關的責任或情緒壓力。尋找與遺失之間的拉鋸，其實是責任承接與情緒逃避之間的博弈，物件本身只是這場心理拉扯的象徵媒介。

治療現場的尋物敘事分析

在心理治療中，案主若多次描述遺失與尋找的過程，治療師可從中辨識潛意識重複訴求與情緒投射。例如「我一直找不到婚戒」，可能隱含婚姻關係中的迷失感與認同衝突。尋物過程即成為探索潛在焦慮的鏡面。

遺失與導航的心理學總結

物件遺失是一種心理導引的隱喻，潛意識透過不尋常的錯置與遺漏，引導我們回到自身的壓力源、角色矛盾與情緒需求。透過理解尋物歷程中的象徵語言，我們能聽見那些來自潛意識的提醒，讓遺失不再只是混亂，而是心理導航的一環。

第八節　錯放與焦慮的連動機制

錯放行為：焦慮的外顯語言

當人們在高度焦慮的狀態下行動，經常伴隨著物品錯放、步驟錯序與記憶斷片。這類現象並非單純的注意力分散，而是潛意識透過錯置動作呈現情緒張力。錯放成為心理不安的空間轉譯，是情緒壓力的一種具象化表達。

焦慮如何影響認知與動作協調

在焦慮狀態下，大腦前額葉皮質功能受限，導致計畫能力下降與執行功能障礙。這使得原本熟悉的行為路徑被中斷，物品容易被放錯位置。研究顯示，焦慮會壓縮短期記憶的保持時間，讓我們在「知道要做什麼」與「實際做出來」之間產生落差。

錯放行為作為自我舒壓出口

在某些情境下，錯放甚至是一種非語言的紓壓方式。當情緒無法直接表達時，潛意識會安排一些「小錯誤」，讓個體透過這些瑣碎行動釋放壓力。例如將遙控器放進廚房抽屜、將手機遺忘在浴室，這些錯放是焦慮的非語言宣洩。

高壓生活與物品錯放的比例升高

現代人在快速節奏中經常承擔多重任務，焦慮成為生活的背景音。在此情境下，物品錯放成為焦慮升高的行為指標之一。研究發現，在工作負荷高或情緒負擔重的情境中，錯放物品的頻率與焦慮程度呈正相關。

錯放與潛意識的反動行為

有時錯放並非完全無意，而是潛意識對過度壓力的一種反動。例如一名長期照顧家庭的個案，經常將孩子的用品錯放，潛意識藉此製造「小混亂」來逃避情緒責任，並藉錯誤取得短暫喘息空間。

焦慮人物件地圖的解構

焦慮不僅影響行為，也會改變我們對物件在空間中的記憶配置。焦慮者往往無法清楚記得自己將物品放在哪裡，因為他們的大腦正在優先處理情緒威脅，而非外部物件的空間定位。這導致焦慮者的「心理物件地圖」出現斷層。

行動斷裂與錯置的情緒循環

錯放行為會進一步強化焦慮，例如找不到手機讓人更焦躁，而焦躁又讓搜尋失敗機率上升。這樣的負向循環使錯置與焦慮彼此增幅，最終讓個體陷入「越找越亂、越亂越焦慮」的行動斷裂狀態。

心理治療中焦慮錯置的介入策略

治療師可從案主的物品使用與錯放歷程，切入其焦慮機制。例如詢問「你那天是什麼心情，把東西放錯？」「你覺得那個錯誤讓你有什麼感覺？」藉此協助案主從錯誤行為中找出焦慮源頭，進而重建情緒與行為的連結。

焦慮與錯放的心理學總結

錯放行為並非偶然，而是潛意識在焦慮狀態下的空間訊號。透過解讀這些錯誤，我們不僅能看見潛在的心理壓力，也能辨識生活中哪些情境或角色對我們造成最大負荷。從錯放中回看焦慮，是通往心理平衡的重要徑路。

第九節　物品歸位的心理秩序

歸位行為是一種心理重建工程

每當我們將東西放回原處，看似簡單的動作，其實是一場內在秩序的確認與情緒整合的過程。物品歸位不僅幫助環境維持清潔與效率，更是潛意識調節自我狀態的象徵性行為。

歸位與掌控感的深層連結

當我們處於焦慮或混亂的狀態時，將物品一一歸位能快速帶來掌控感。心理學研究顯示，重複的歸位行為能有效降低焦慮水平，因為它讓個體感受到外部環境是可以預測、可整理的，進而恢復內部的穩定感。

歸位儀式與內在規律

許多人在睡前有固定的歸位儀式，如放好鑰匙、關好窗戶、收起手機等。這些儀式性動作如同每日的心理結帳，是將情緒與事件「收回」的方式。透過歸位，我們把混亂轉化為秩序，將未完成的緊張感做出象徵性終止。

未歸位與心理未完成感

相對地，若物品長期未歸位，可能是潛意識中有某段情緒尚未釐清或某項責任尚未面對。這些雜亂不是懶散的結果，而是心理能量不足、內在關係尚未理清的外顯表徵。例如一位長期無法整理桌面的個案，往往也描述其人際關係混亂、生活節奏失控。

歸位過程中的潛意識選擇

我們常說「這東西我放哪會比較好？」這其實是潛意識在為物品尋找對應的心理意涵。例如將重要資料放入保險箱，是一種對安全感的強化；將相框置於書桌中央，則顯示對情感連結的珍視。歸位，是潛意識意圖的空間落實。

空間配置與自我概念的展現

一個人如何布置、歸位其生活空間，反映其自我結構與心理狀態。空間中的分類清楚、動線流暢，表示個體內在有清晰的認知架構；而空間紊亂、歸位頻繁改變，則可能象徵自我角色混淆或心理需求未明。

歸位作為自我修復的通道

在壓力過後進行空間歸位，是許多人常見的自我修復方式。打掃、分類、重置物品位置，這些看似庶務的動作，實則為潛意識整理情緒的代謝過程。透過身體參與，我們讓心理過渡由混沌走向平衡。

治療情境中的歸位工作

治療師可鼓勵案主觀察自己在歸位行為中的節奏、偏好與困難。例如當案主提到「我無法把東西收回原位」，可引導其思考是否有未完情緒在抗拒完成、是否有自我責備潛藏其中。歸位工作有助於將情緒具體化、行動化，促進內在統整。

歸位與心理秩序的心理學總結

物品歸位是潛意識在日常中重新建立秩序、確認自我、調整情緒的一種方法。透過歸位，我們不只是整理空間，更在一次次的動作中與混亂和解、與責任對話，也與自我重新接軌。

第十節　找尋與遺忘之間的張力

找與不找：潛意識的拉鋸戰

當我們在尋找遺失物品時，內在往往浮現一種奇特的心理張力：一方面急切地想找到它，另一方面卻有一種說不出的遲疑與放棄感。這種「找尋－遺忘」之間的張力，是潛意識與顯意識之間進行的一場複雜協商。

尋找的焦慮與逃避的欲望交錯

尋找行為通常伴隨著高張的焦慮情緒，我們怕找不到、怕責怪、怕延誤後果。但潛意識有時會讓我們「不願找到」，因為找到意味著要面對某項責任、情緒或關係現實。於是，在表層尋找之下，潛意識也可能在製造「找不到」的動力。

遺忘不是記不起，而是不想記得

心理學家丹尼爾．韋格納（Daniel Wegner）提出「抑制遺忘」（motivated forgetting）的概念，說明有些記憶並非真正消失，而是被潛意識主動壓抑。應用於物品錯置行為，我們可能「選擇性地遺忘」某物品的擺放位置，是因為該物承載著不願觸及的情緒意義。

尋物歷程中的自我辯證

「我是不是太粗心了？」、「是不是根本沒打算用那東西？」這些尋物時的自我質問，其實是潛意識與顯意識之間的辯證過程。個體在物品尋找中，逐步暴露其對自我效能、自我價值與情緒負擔的評價邏輯。

找與不找的心理時間差

有時候，某物品在當下就是無法找到，但等到不急需或情緒平復後竟自然浮現。這不是巧合，而是心理張力解除後，潛意識才鬆開對記憶的壓抑。尋物失敗不只是技術問題，也是一種時間上的心理調節。

尋找作為關係的象徵行為

有時我們不是在找物品，而是在找關係的感覺、找遺失的情緒。例如反覆尋找某人送的東西，其實是在喚回與那人之間的情感連結；而放棄尋找，也可能意味著潛意識已準備好切斷情緒的依附。

找錯東西、找錯地方的象徵意涵

錯找也是心理張力的表現之一。明知不可能在某處，卻重複翻找；找某物時卻不自覺地翻閱另一件物品，這些「錯找」行為顯示潛意識正在處理與該物件無關但心理意義相關的情緒議題。

心理治療中的尋物張力解構

在心理治療中，案主描述的尋物經驗常能揭示其潛意識中的情緒矛盾。例如：「我每天都在找我的日記，但其實我也很怕翻開它。」這樣的敘事揭露出潛意識的矛盾結構——渴望連結與害怕揭露並存。

尋找與遺忘張力的心理學總結

尋物與遺忘之間的心理張力，是潛意識在面對情緒負荷、責任承擔與人際關係時的一種表達方式。從這些細微的拉鋸過程中，我們可以聽見內在的矛盾聲音，並學會與之共處，而不只是將錯置行為視為單純記憶的失誤。

第十一節　日常錯置中的情緒陰影

生活混亂背後的情緒風景

每一次東西放錯地方、重複找不到、空間被無聲填滿，其實都可能是一種情緒的軌跡。日常錯置行為不只是小失誤，更可能是潛意識對未說出口情緒的代言。錯放與遺失，是潛意識在無聲地訴說內在的陰影地帶。

錯置頻率與情緒壓力的關聯

研究顯示，當個體處於長期情緒壓力下，如焦慮、憂鬱或倦怠時，錯置物品的頻率會顯著增加。這種現象並非記憶功能失效，而是大腦資源轉向情緒處理區域，使認知處理與物件定位能力下降。錯放，是情緒焦點壓倒日常秩序的產物。

空間失序作為內在失序的鏡像

家中總有一區「永遠在整理」、抽屜永遠塞滿、紙堆永遠高起，這些現象不僅代表生活忙碌，也可能是個體無法處理情緒內容的投射。當內心無法區分情緒、角色或人際界線時，外在空間也會開始混亂，物品錯置頻繁。

錯放作為逃避情緒的手段

將帶有情緒記憶的物品錯放，是一種非語言的逃避策略。例如不自覺地將前伴侶留下的東西藏在角落、把不願面對的帳單遺忘在背包底層。錯置行為背後隱藏著潛意識對痛苦情緒的延遲處理意圖。

錯置與創傷記憶的干擾效應

創傷經驗會導致注意力偏誤與記憶選擇性屏蔽，使物品錯置變得更頻繁。創傷者往往會避開與事件有關的物件位置，使其無法穩定建立「空間－物品－功能」的三重記憶鏈條。這種干擾，讓錯置成為創傷記憶的日常回音。

情緒陰影如何遮蔽物件使用習慣

當一件物品象徵著某段未完的關係、未說的話或未解的情緒，它便可能不斷被放錯地方，不是因為忘記，而是因為潛意識尚未準備好重新接觸那段情感。例如父親過世後總找不到他的打火機，或是母親照片總被放反。

家庭成員的錯置行為與情緒輪廓

家庭中若成員經常錯置物品，可能反映出家庭情緒不穩、界線混亂或溝通障礙。父母錯放孩子用品，可能顯示情緒疏離或角色衝突；孩子錯放學用品，可能訴說其對責任的抗拒或對表現焦慮的逃避。

空間整理作為情緒清理的前奏

在心理治療中，整理空間常被用作進入情緒探索的起點。鼓勵案主整理那堆「一直沒收」的雜物，往往能打開與過去事件的對話入口。從錯置的物品開始，案主逐步接觸自己的情緒陰影，將無序重新帶回心靈秩序。

錯置中的情緒陰影心理學總結

錯置不是偶然，它是潛意識在訴說那些未被處理的情緒殘片。從一件找不到的物品、一處凌亂的角落、一種重複的錯位行為中，我們得以讀懂情緒的陰影與心理負擔的路徑。辨識這些錯置行為，便是回到情緒現場的開始。

第十二節　錯置如何顯現內在關係

錯置行為是人際關係的情緒縮影

我們錯放的不只是物品，更可能是某段關係中的位置與感受。當內在關係出現衝突、界線模糊或情緒不平衡時，錯置行為就可能悄然浮現。潛意識透過這些看似無意的行動，讓內在關係的張力在空間中具象化。

錯放物品與關係角色的對應

若一個人總是錯放與特定關係相關的物品，例如戀人送的戒指、父母留下的信件、主管交代的文件，這些錯置就不只是失誤，而是潛意識在回應該段關係的複雜感受。錯放某人的物品，是在錯置那段關係中的情緒角色。

關係中的情緒壓力與空間表現

當人際互動壓力升高時，個體可能開始在家庭空間中錯置物品，無法專注地收納、不自覺地將東西放在錯位位置。這類行為反映出潛意識無法負荷的情緒壓力，於是讓關係的張力轉化為物品的空間混亂。

錯置作為隱形抗議與自我保衛

在不方便明說的關係衝突中，錯置可能是一種無聲抗議。例如不再將伴侶的東西收好，或刻意錯置其用品，是潛意識對親密壓迫、自我消融的反動行為。這些錯置不是偶然，而是潛意識主動發出的保護訊號。

關係距離與錯置密度的變化

心理研究發現，當關係距離改變（如疏離、依附過強），錯置物品的頻率會相應變化。依附風格不穩定者，容易在空間中反覆錯置與對方有關的物品，藉此測試界線、表達不滿，或試圖重新定義親密距離。

錯置地點的象徵意涵

錯置的空間選擇也具有象徵性。例如將對方送的項鍊丟進雜物箱，象徵那段情感已被「歸類為混亂」；將舊情書塞進書架後方，表示這段關係已被潛意識「封存」。地點選擇透露出個體如何重編與他人的心理距離與認同。

家庭錯置行為與關係動態

在家庭中，錯置常成為隱性衝突的外顯：如父母錯放孩子作業、伴侶不整理對方物品、兄弟姐妹互換物品位置等。這些行為多數不是無心，而是潛意識對家庭角色、情緒張力的回應。錯置，是關係動力的心理縮影。

治療情境中的關係錯置探索

心理治療可藉由案主的錯置習慣，引導其檢視重要關係中的情緒位置與界線。例如詢問「你總是把誰的東西放錯地方？」「那些東西讓你想到什麼情緒？」這樣的對話有助個體從物品行為回溯其內在關係圖像。

錯置與關係投射的心理學總結

物品錯置並非僅止於個人記憶問題，更是一種關係互動與心理投射的具象表現。從錯置中，我們可以辨認那些未被正視的關係矛盾與情緒張力。每一個錯放的動作，都是潛意識在重組我們與他人關係的位置感與界線感的證據。

第七章
情緒的斷裂點：
探索破壞衝動的心理動因

第一節　破壞衝動與防衛象徵

破壞行為不只是情緒爆發

日常生活中，我們常會見到有人在情緒失控時摔東西、踢椅子、撕毀物品，或用激烈語氣表達不滿。這些行為多被視為一時衝動的情緒反應，然而從精神分析的角度來看，它們其實隱含著潛意識的心理符碼。佛洛伊德指出，破壞性行為常是潛意識攻擊衝動的間接釋放。行動本身是象徵性的，借著破壞外物來回應內在的情緒張力。

破壞不必然是針對外界，也可能是內向的，成為自我懲罰的表現。有些人會在犯錯後故意摧毀自己的作品、撕爛筆記，或用身體去撞牆，這些看似不理性的動作，實際上是超我對自我加以懲罰的劇場演出。

防衛機制如何偽裝破壞

在面對強烈內在衝突時，個體會動用防衛機制來維持心理穩定，而破壞行為便常與這些機制交織呈現。例如透過轉移（displacement），將對某人或某事的不滿，投射到一個無關緊要的物品上加以摧毀；或是以否認（denial）的方式不承認行為的破壞性，說自己只是「不小心」、「不經意」。

這些行為在潛意識層面具有深刻象徵意義，也反映出心理防線的鬆動。防衛的形式可能是反諷性的，個體明明感到憤怒，卻以笑容掩飾，最終卻透過某種「失手」造成物品損壞，完成了無意識的攻擊願望。

象徵性的破壞劇碼

當破壞針對某特定物件時，其象徵意義更加明確。例如打破伴侶送的禮物、摔壞父親留下的時鐘、刻意塗抹公司識別證，都可能暗示著與該人或該系統之間未解的情緒糾葛。破壞的對象既是符號，也是目標，反映出潛意識的真實對話。

佛洛伊德在研究日常錯行為時便指出，行為中往往包含了潛抑願望的滿足。破壞性行為就是此類「妥協形成」的具體實踐：它在意識層面被解釋為「失誤」，但實則讓潛意識得以迂迴地實現欲望。

破壞與愛的糾纏動力

有些破壞行為看似殘酷，卻藏有親密的成分。例如孩子在與母親發生衝突後撕毀母親照片，或情侶爭吵時損壞彼此送的信物，這些動作同時夾雜著愛與恨，是情感複合物(ambivalence)的實體呈現。破壞中帶有深刻依附，顯示關係之緊密與痛苦。

佛洛伊德將這種衝突視為「愛與毀滅之驅力交錯的表現」。人們對所愛之人也可能懷抱攻擊欲望，而潛意識則會選擇用破壞物品來表達這份矛盾，不直接傷害他人，又保有攻擊的心理滿足。

自我控制失效與潛意識出場

破壞性行為經常出現在自我控制薄弱的時刻，例如失眠後、壓力大時，或情緒遭到壓抑過久的情況下。這些時刻，潛意識較易突破意識的防線而發動行為，使個體在事後常感困惑與懊悔：「我怎麼會這樣做？」

這些「不在計畫內」的動作，其實早已被潛意識安排於心理劇本之中。只是我們無法用語言將其編碼與命名，只能透過行動把壓抑的能量推送到現實中來處理。

重複破壞與潛意識訴求

若某類破壞行為反覆發生，尤其是對特定對象、特定物品的摧毀行為不斷重演，往往代表潛意識有尚未被聽見的訴求。例如一位治療個案在每次會談後都撕掉當天筆記，其實是在抗拒被「分析」、被「整理」、被「記錄」的感覺。

重複行為是潛意識反覆強調其訊息的方式，一如夢的重複場景或慣性錯誤行動。分析師若能從此辨識出其心理循環，便能打開理解與轉化的可能性。

行為背後的角色矛盾與身分抗議

破壞也可能是角色衝突的產物。當一個人被期待表現成熟穩重，卻內心仍懷有孩童般的依賴與反抗時，破壞性動作便成為對這種「被期待」的回應。個體透過破壞來抗議他所不認同的角色定位與道德義務。

此種破壞不具破壞他人之實質意圖，但蘊含深刻的自我位置反思。例如：一位照顧者在照顧失智父親數月後突然失控怒吼、摔門離去，這不是單純的情緒失控，而是身分角色壓力所引發的潛意識反彈。

破壞行為的心理學總結

破壞衝動不單是一種生理能量的爆發，而是一種高度結構化的心理劇碼。它往往牽動防衛機制、角色衝突、象徵轉換與情感表述，在潛意識中發芽，於行為中綻放。防衛象徵的存在，不但維繫了心理秩序，也暴露了內在矛盾的張力。

若我們能以精神分析的視角去理解破壞性行為，不將其視為「失控」而視為「語言」，那麼我們便能讀懂潛意識的訴說。破壞之所以令人不安，正因它道出我們壓抑未言的渴望與拒絕。唯有透過理解與詮釋，我們才能真正聽見破壞行為背後的語意與潛意識的叩問。

第二節　摔碎物品的心理代價

「不小心打破」的背後

當我們在生活中「不小心」摔碎杯子、盤子或其他物品時，常會用一句「我不是故意的」帶過。但在佛洛伊德(Sigmund Freud)看來，這類行為其實可能帶有潛意識的動機。表面上的不經意，很可能是深層心理衝突的象徵性展演。

精神分析指出，潛意識會透過行為來表達無法被意識接受的情緒，例如憤怒、內疚或壓抑的攻擊欲望。摔碎物品便是一種低成本的宣洩形式，既避免直接衝突，又讓潛在能量獲得釋放。在某些情況下，這類破壞性動作反而具有「說不出口的語言功能」，藉由碎裂的聲響、破壞的影像，傳遞著心理張力的訊號。

情緒的轉移與責任的逃避

摔碎的動作往往發生在某種緊張或壓抑的情境下。當個體無法直接表達對他人的不滿或內心的不安時，物品便成為攻擊的替代對象。這種轉移機制(displacement)是一種典型的防衛手段，使人可以將情緒釋放到較無威脅性的對象上。

然而，這類行為也涉及責任的潛意識逃避。透過「不小心」的表述，個體不僅將行為合理化，也迴避了面對內在衝突的痛苦。這是超我與本我之間妥協的結果：本我渴望發洩，超我要求控制，於是自我選擇一種模糊與含混的行動方式來平衡雙方。

物品的象徵與個體心理連結

被摔碎的物件往往並非隨機，它可能承載著某些特定象徵。佛洛伊德曾指出，夢中的物品常常象徵著特定的情感或人際關係，這個觀點也可以延伸至破壞性行為中。例如：摔碎母親留下的瓷器可能反映與母親之間未解的情結；打破情人送的玻璃杯，或許代表著一段關係的破裂預感。

心理分析強調，物件的功能與形態對於詮釋其象徵性有極大幫助。一個裝水的玻璃杯，可能象徵著情感的容納與流動；一只鐘表，可能指涉時間、紀律與責任。當個體無法承擔這些心理負荷時，便可能透過摧毀物件來象徵性地解除壓力。

重複摔碎的潛意識訊號

若摔碎行為具備重複性，便不能再簡單歸因於偶然。精神分析將此視為「行為重複強迫」（repetition compulsion）的表現，是潛意識希望透過行動讓某個心理訊息被看見、被聽見。例如一位個案每次與伴侶爭執後都會打破廚房的瓷盤，這並非單純的宣洩，而是一種未能言說之情緒模式的儀式性重演。

重複的摔碎行為，也可能代表個體無法中止的內在循環，心理上卡在某個未解的創傷或情境之中。唯有透過分析與意識化，這種循環才可能被中斷，並轉化為更具建設性的行動。

治療場域中的摔碎事件解析

在心理治療場域中，案主若描述在某些關鍵時刻「不小心」摔壞某物，分析師可從中尋找潛意識訴求的線索。例如在治療過程進入關鍵議題時，案主摔壞自己的隨身筆記本，這可能象徵他對回憶的抗拒，或對分析師的無聲反抗。

此時，治療師的角色是協助案主探索「為什麼是這個物件、為什麼是這個時機」，並協助其理解破壞行動的象徵邏輯與心理動力，進而將行為語言轉化為言語語言。

摔碎與心理修復的起點

有趣的是，有些人在摔碎東西之後，反而感到一種釋然與平靜，這正說明破壞行為同時也是重組的起點。心理結構有時需要「裂開」才能重構，摔碎並不總是負面，它亦可能象徵舊有框架的鬆動與情緒的重新配置。

若能善用這個「碎裂瞬間」，個體便能開始覺察自己與物的關係、自己與責任的關係，進一步走向整合而非逃避。正如佛洛伊德強調，分析的目的不在於避免錯誤，而是讓錯誤成為通往理解的入口。

摔碎物品的心理學總結

摔碎並非僅止於行為上的失手，它是一個心理過程的具體展現，背後往往潛藏著情緒的動能、角色的衝突與責任的逃避。當我們開始用心理學的耳朵聆聽碎裂聲響，就會發現，那是潛意識向我們發出的求救訊號，也是潛意識在無聲地述說：「你需要注意這裡。」

第三節　失誤動作與悔意投射

失誤行為的心理編碼

我們都曾經歷過「做錯動作」的時刻：把鑰匙插錯門鎖、打翻剛泡好的咖啡、走進錯誤會議室、講出不該說的話。這些看似單純的粗心，其實在佛洛伊德的精神分析體系中，屬於具有潛意識意涵的「失誤行為」(Fehlleistung)。這些動作表面上是隨機的錯誤，實則是內在壓抑欲望、焦慮或悔意的一種投射與外顯。

佛洛伊德在《日常生活的精神病理學》中強調，失誤不是純粹的巧合，而是潛意識在行為中發聲的結果。這種行為的「錯置」，正是心靈深處尚未被處理或面對的情緒浮出表層的方式，是一種非語言的、象徵性的自白。

悔意如何操控動作

當個體內在存在強烈的罪疚感或懊悔，卻又無法承認或面對時，潛意識便可能將這些情緒轉化為失誤行為。例如一位員工在遲到後趕上會議，卻錯將簡報檔案刪除，實際上是對自己遲到與準備不足的懲罰性反應。這類錯誤行為在無意間完成了懲罰與贖罪的心理劇情，具有象徵性與修復性的雙重功能。

悔意不只影響語言，也會滲透至動作的完成度。一些人會在關鍵時刻「突然變笨」，例如舞臺演出忘詞、重要約會弄錯地點，這些「搞砸」的瞬間，其實是潛意識在主導，讓個體透過失敗來「證明」自己不值得、自己總是錯的，進一步確認其負面自我圖像。

錯誤中的道德意圖

失誤行為的背後，常潛藏著強烈的道德糾葛。當個體無法在意識層面承擔某種罪責時，潛意識會安排一個「不自覺的自我懲罰」過程。佛洛伊德稱之為「道德超我的報復」，即潛意識替代超我懲罰自我，使其感受痛苦以完成心理平衡。

例如某人在結束一段外遇關係後頻頻搞丟手機、錯過會議、甚至刮壞車子，這些行為可視為一連串悔意與自責的投射。透過失誤，他將無法言說的道德焦慮外化成現實世界的損失，既回應內在的罪疚，也迴避直接承認錯誤的壓力。

重複錯誤的心理回音

如果某類錯誤行為不斷重演，例如總是寄錯文件、忘記關門、寫錯收件人，則需警覺這可能是潛意識重複敲門的信號。精神分析將這種重複錯誤視為一種心理訊息的「迴聲室效應」，意即潛意識反覆以錯誤形式提醒個體某個尚未處理的情緒核心。

重複錯誤也可能來自潛意識的自我破壞傾向（self-sabotage）。個體內在可能存在一種對成功的不配得感，當機會臨近時，便透過失誤破壞自己的努力，形成一種悔意與自證失敗的閉環。這種破壞不僅是一種情緒釋放，也是一種心理邏輯的執行。

治療現場中的失誤觀察

在心理治療過程中，案主的行為失誤往往是分析的重要線索。例如：一位案主多次忘記帶記錄本或筆，可能象徵其對紀錄與檢視自我的抗拒；另一位則常遲到，並總是「找錯車位」，可能是對治療過程中壓力的逃避。

治療師可藉此引導案主將失誤行為與其情緒狀態、內在衝突連結，從而將潛意識的非語言訊息翻譯為可討論的心理內容。這不只是行為的解讀，也是意義的重建過程，讓錯誤不再只是錯誤，而是理解自我複雜性的橋梁。

錯誤與修正的潛意識對話

失誤行為雖帶有破壞性，卻也常常成為修復的契機。當個體意識到自己的失誤背後隱藏情緒時，便有可能重新調整自我認知與行為模式。這種從錯誤到理解、從理解到轉化的歷程，正是佛洛伊德所說的「讓潛意識成為意識」的實踐路徑。

失誤，從來不是毫無訊號的混亂，而是一種潛意識的語言。當我們學會從行為中聽見潛臺詞，錯誤就不再是錯，而是一段心理誠實的片語。

失誤與悔意的心理學總結

失誤動作是一種潛意識的悔意顯影，承載著未被說出口的內疚、自我譴責與道德衝突。當個體無法面對或承認某些情緒時，錯誤行為便代替意識說話。在這些行為中，我們得以窺見潛意識如何以錯誤作為敘事，讓自我得以在不崩潰的前提下釋放、修補與重新定位。

第四節　象徵破壞的心理補償

破壞行為中蘊含的修復邏輯

當一個人摧毀物品、撕裂文件、打碎器皿，我們通常將這些行為視為衝動的象徵、情緒的出口。但在精神分析的深層理解中，這些破壞往往具有補償性的心理功能。破壞雖看似損壞現實，實則可能為某種心理上的缺失提供替代性的修補。

佛洛伊德在探討創傷與補償的關係時曾指出，個體面對失落或內在匱乏之時，會試圖以象徵性的動作填補心理裂縫。破壞行為雖具有攻擊性，卻也可能隱含某種重組、界定邊界、甚至再建內在秩序的嘗試。

破壞作為主控的回收手段

在被動情境中失去控制感，是許多心理困擾的起點。此時，破壞行為便成為潛意識試圖重拾主控權的一種形式。透過摧毀物品，個體能感受到某種掌控世界的能力，哪怕只是短暫的。這種主控感的回收，是面對無力感時潛意識的補償策略。

舉例來說，一位學生在被教授嚴厲批評後，回家怒摔課本，其行為既非單純反抗，也非純粹洩憤，而是潛意識中對「我可以決定如何面對這一切」的心理召喚。破壞成為一種重申自我界限的方式，在象徵層面上彌補了現實中的受挫經驗。

補償幻想與實際損毀之間的轉換

心理補償機制的運作，並不總是建構性的。在某些情境中，個體會以破壞現實來換取幻想的完整。這種破壞不是為了創造空間，而是為了逃離既有秩序中的創傷。佛洛伊德稱之為「補償性否認」，意即透過摧毀現有的，來維持某種內在世界的穩定。

例如：一位感情失敗者將所有與前伴侶相關的照片、禮物一一銷毀，這種行為看似決絕，實則是為了重新建構一個「從未發生過那段關係」的心理世界。透過破壞，個體否定了經驗的傷痕，也在無意中完成了對理想自我的補償修復。

象徵性破壞中的文化與儀式意涵

從文化人類學的觀點來看，許多社會儀式中皆可見象徵性破壞的痕跡——打破陶壺、焚燒符紙、摔酒杯、毀壞舊屋。這些行動往往代表著結束與重啟，是群體對過去的告別與未來的迎接。

個體的破壞行為亦有類似的心理功能。它可能象徵著一段關係的終止、一個角色的釋放，或一種心理狀態的終結。這種破壞行動雖帶有情緒色彩，但本質上是一種心理儀式，幫助個體完成角色轉換與自我調整的過程。

治療現場的補償性破壞觀察

在心理治療中，案主有時會談到某段時期特別喜歡摧毀東西、撕筆記、砸東西。分析師若能從補償機制的視角理解這些行為，便能協助案主辨識內在的匱乏感與修復意圖。

舉例來說，一位女性案主在結束一段壓抑的婚姻關係後，多次提及「忍不住想撕掉過去的結婚照」，這種動作既是對過去束縛的反動，也是一種象徵性的重生儀式。若能引導她認識這背後的補償願望，便可能讓破壞行為轉化為更有意識的重建工程。

破壞與修補的心理學總結

破壞行為看似消極與攻擊性，實則在潛意識層面執行著深刻的補償功能。它不只是對現實的否定，也是一種自我結構中修復裂縫的方式。當我們學會從象徵層面閱讀破壞，我們將發現：那些被打碎的，不只是物品，也是一段生命階段的終點；而打碎的同時，也為重建鋪出了一條心理通道。

第五節　愧疚與自罰的行動演出

情緒內疚如何轉化為行為懲罰

在佛洛伊德的理論中，愧疚 (guilt) 不僅是道德情感的結果，更是自我與超我之間衝突的具體表現。當個體未能滿足內在價值體系，或違背某種道德期待時，愧疚情緒便悄然出現。而當這份愧疚無法以語言處理與表達時，它往往會尋找行動的出路，轉化為自我懲罰的形式。

這些懲罰行為不一定激烈，有時只是一種反覆拖延、拒絕成功，或自我破壞性的決策。個體可能不自覺地放棄機會、選擇錯誤、故意與人發生衝突，這些「自找麻煩」的行動，其實是潛意識在懲罰自己。透過行為加諸痛苦，個體得以暫時緩解道德上的壓力，回應內在的「我不配擁有」之感。

超我機制與隱性自我報復

佛洛伊德將人格結構分為本我、自我與超我，其中超我作為內化的道德審查者，在面對違規或欲望時，會對自我施加制裁與譴責。這樣的譴責有時不透過語言表現，而是滲入行動，變成自我對自己的暗中報復。

一位總在戀愛順利時選擇主動疏離的案主，或一位考試前莫名生病的學生，其行為背後往往是內在懲罰的運作。這類潛意識的自罰行動不求外人認同，而是回應超我對「你不應該快樂」、「你不值得成功」的內在判決。透過這樣的自傷模式，個體與其道德系統達成某種表面上的和解。

愧疚的象徵化演出

愧疚並不總是以沉默的形式存在，當它無法被言語處理時，便會以戲劇化的行動展現。例如不斷在社交中講述自己的失敗、重提自己的過錯，或刻意在眾人面前製造出失誤，這些行動其實是內在懲罰願望的外化。

佛洛伊德將這類現象歸類為「懲罰性自我揭露」：個體希望自己被看見、被批評、被處罰，以解除內在罪惡感的壓力。這是一種以行動代替懺悔的策略，讓他人與自己一同見證愧疚的存在，也成為一種心理卸責與再平衡的過程。

慣性自罰與人格結構的關聯

當自罰行為成為一種持續性模式，便不可忽視其與人格結構的深層連動。許多案主在長期壓抑情緒與自我否定中，已將自罰內化為身分認同的一部分。例如習慣於說「都是我不好」、「一定是我害的」，其實是一種深層自貶與習得性罪惡感的展現。

這種人格傾向常源於早期教養環境中的高度道德要求與

否定性回饋，使個體形成一種「犯錯即不配」的內在信念。自罰成為維持心理平衡與關係安穩的方式，哪怕其本身痛苦，也比承認「我沒有錯」來得安全。

治療場域中的自罰辨識與轉化

在心理治療中，案主若頻繁出現失敗、拖延、逃避等行為模式，治療師可留意其背後是否藏有自罰動機。透過夢境分析、自由聯想與關係動力的觀察，可逐步揭示個體如何透過行為懲罰自己以回應未處理的愧疚情結。

治療目標在於協助案主將這些行為語言化，認識其功能與歷史，進而打開改寫劇本的可能性。當案主開始理解自己其實是「在懲罰自己」而非「單純失敗」，便能逐步鬆動超我的高壓機制，恢復行動的自由與選擇權。

愧疚與自罰的心理學總結

愧疚不僅是情緒體驗，更是行為背後的無聲編劇。潛意識會將道德衝突轉化為行為懲罰，讓自我在痛苦中獲得暫時安撫。唯有透過心理分析與深度理解，我們才能從自罰行為中釋放出來，不再以痛苦換取平衡，而是以真實的認識重新建立內在秩序。

第六節　愛與毀滅之間的心理對話

情感驅力的雙重性

佛洛伊德在其後期理論中提出著名的「愛慾 (Eros) 與死亡欲 (Thanatos)」二元驅力模型，指出人類行為常受到建設性與破壞性力量的同時驅動。這兩種驅力並非對立，而是以交錯、交織的方式塑造我們的情感關係與心理現象。

在親密關係中，愛與毀滅常如影隨形。一方面，我們渴望靠近、融合、維持聯繫；另一方面，我們卻又可能在依附中感受到威脅、自我失落，甚至激發出控制、排斥、毀壞的衝動。這種情感的張力，正構成了潛意識劇場中最複雜也最戲劇化的一幕。

親密中的攻擊願望

在精神分析的臨床觀察中，親密關係往往是攻擊性衝動最容易浮現的場域。一對關係親密的伴侶，可能會在關係最穩定的階段出現互相傷害、互相否定的言語與行為。這些行為不僅來自現實摩擦，更源於潛意識深處對融合的恐懼與對依賴的矛盾。

當個體過度依賴他人來獲得安全感，便可能在內心激起「自我被吞噬」的焦慮，進而以攻擊性行為來劃清界線，維持心理完整性。這種對「愛」的攻擊，實則是為了維持自我的邊界，避免被過度融合所帶來的心理侵蝕。

欲望錯置與破壞性衝動的投射

潛意識常透過錯置（displacement）與投射（projection）將內在的破壞性情緒轉嫁於他人。當我們無法容納內心的恨意或對某段關係的挫敗感，便可能將這份情緒投向伴侶、家人或親近者，將他們視為破壞的對象。

愛與毀滅並存的動力在此表現得最為明顯：我們愛一個人，卻又無法忍受自己在關係中無能、被拒絕或不被需要的感覺，於是便以傷害作為情緒的出口。這不是出於冷酷，而是潛意識對「愛的脆弱性」的一種反應。

破壞性行動背後的求救訊號

許多破壞性行為，其實是對愛的呼求。一位案主在被忽略時選擇打破玻璃杯；另一位則在分手後反覆聯絡、激怒對方，這些行為都可視為「看見我」、「感受我痛苦」的非語言訴求。

在這樣的動力結構中，毀滅不再只是破壞，它也包含了一種未被回應的依附需求。治療師若能辨識這些行為背後的深層情感，便能引導案主將攻擊能量轉化為更具溝通性的表達，讓毀滅的劇碼不再反覆上演，而是轉變為理解的契機。

愛與毀滅在治療中的互動

在治療關係中，案主常會對治療師產生轉移(transference)情感，其中既包含依附，也可能帶有敵意。這種「愛恨交織」的情感投射，正是愛與毀滅交會的心理空間。案主可能一方面依賴治療師的支持，一方面又對其產生敵意、懷疑甚至破壞性衝動。

佛洛伊德認為，能否在治療場域中處理這些矛盾，是分析工作的核心。治療師若能穩定承接案主的情感攻擊，並協助其理解背後的依附焦慮與自我保衛策略，就有機會將毀滅能量轉向探索與重建，讓治療空間成為真實關係的預演場。

愛與毀滅的心理學總結

愛與毀滅並非彼此否定的對立面，而是人類情感的雙重軸線。在潛意識中，我們既渴望靠近，也恐懼失控；既渴望連結，也抗拒侵入。這種動力的糾結，造就了我們在關係中的衝突、錯亂與深刻。

唯有透過理解這兩種力量的共存邏輯，我們才能不再畏懼情感的劇烈起伏，轉而擁抱內在衝突的誠實性，讓毀滅成為對自我與他人更深理解的橋梁。

第七節　無意破壞與內在對抗

當行為背叛了意圖

「我不是故意的。」這句話經常出現在我們摔東西、弄壞物品、傷害他人感受之後。這些看似無心的舉動，真的毫無動機嗎？在佛洛伊德的精神分析視角下，無意破壞往往不僅僅是意識的疏忽，更是潛意識內部衝突在行為表層的表現形式。

潛意識中的對抗心理，尤其是在情緒壓抑、自我要求過高或關係角色模糊時，容易透過破壞性行動尋求出口。無意破壞，其實是內在某個部分正在說「不」，正以一種非語言的形式對抗另一個主導系統。這種行為，既不是完全的失控，也不是全然的無意，而是一種隱性對話的外顯。

潛意識的對抗姿態

個體在生活中常受到角色期待與道德規範的壓力，尤其在職場、家庭或親密關係中，被要求穩定、服從與「懂事」。但潛意識並不總是順從，當壓力過大、情緒未被處理時，潛意識可能會透過象徵性的行為進行抗議。

例如：一位被期待成為「完美長女」的案主，總在家庭聚會後不自覺打翻水杯，這不是巧合，而是潛意識對其角色綁縛的對抗。她無法正面說「我不想再這樣下去」，但她的身體說了。無意的行為，成了潛意識的抗辯工具。

無聲抗議的破壞樣態

無意破壞多以「錯動作」呈現，如：把重要資料剪錯、把手機泡水、打翻同事咖啡，或是在緊張關係中說出不該說的話。這些錯誤常被當作意外或粗心，但其重複性與關聯性往往透露著心理訊號。破壞不是偶發，而是隱藏衝突的劇場。

這些行為常出現在內外自我衝突尖銳的時期，例如升遷在即、面臨關係轉變、被賦予新的責任時。潛意識可能不認同這些發展，因此選擇破壞一些象徵性目標，以表達「我不接受」、「我不準備好」或「我不願承擔」的情緒立場。

破壞與控制感的交互作用

值得注意的是，無意破壞也與控制感缺失有關。當個體在情境中感到無能為力，潛意識會尋求任何可能的出口以重建主控感。破壞某物，成為最直接的手段之一。

一位案主在與伴侶關係中感到被控制，卻又不敢正面對抗，便經常「不小心」摔壞對方的物品。這種無意破壞，既是報復、也是自保。它讓個體在壓迫感中找到一絲能動性，即使只是暫時性的，也足以讓潛意識感受到存在與回應。

治療場域中對抗的辨識

在心理治療中，案主若反覆描述「不小心」造成破壞的經驗，治療師可從潛意識對抗的角度進行探索。例如某案主經常在治療前一天「莫名其妙感冒」、「忘記帶資料」，這些行為若與治療進展或議題密切相關，便可能是內在對治療過程的一種抵抗。

對抗不代表拒絕，而是潛意識保衛舊有結構、抗拒變動的表現。若能將這些破壞性行動還原為心理語言，案主便能從抗拒中覺察自我需求，開啟真正的轉化契機。

無意破壞的心理學總結

無意破壞並非純粹偶發事件，而是潛意識在行動中表達不滿、恐懼與壓抑的一種形式。它是內在對抗的劇場，是情緒訴求的替代語言。透過理解這些破壞行為的潛在邏輯，我們才能聽見潛意識真正的聲音，並在行動背後看見那個正在掙扎但渴望被理解的自我。

第八節　身體錯動作與情感轉移

當身體說出心理語言

我們常聽到「身體會說話」這句話，而在佛洛伊德的理論中，這句話具有極為具體的意涵。當情緒被壓抑、心理衝突難以言說時，潛意識便可能借用身體動作來發聲。失誤(parapraxes)不只是行為的失誤，更是一種無聲的敘述，一種替情緒代言的動作語言。

無論是走錯方向、遞錯文件、拿錯東西，或在不該碰觸的物品上出現意外的觸碰，這些行為常常與當下的情緒狀態或壓力內容息息相關。身體的「失準」，其實是心理的「精準」。

情緒張力如何影響動作

情緒本身會干擾身體的協調性與動作的自動化。當個體處於內在壓力高漲、焦慮未解的狀態時，身體行為的穩定性也會出現偏差。這種偏差不總是無序，反而可能高度對應個體的心理焦點。

舉例來說，一位案主在討論與母親關係的會談中，不斷將筆蓋蓋錯或掉落物品。這些小錯誤在看似無關的情境中出現，實則象徵他對該關係議題的情緒不安與潛意識抵抗。佛洛伊德指出，錯動作是「願望與防衛妥協的產物」，其背後蘊含欲望、焦慮與壓抑之間的張力。

情感轉移與動作錯置的關聯

在心理動力學中，「轉移」(transference)指的是個體將過去重要關係中的情感，無意識地投射到當前互動對象上。當轉移發生時，個體的情緒負荷往往會透過錯動作顯現。例如一位案主在治療師面前反覆將手機滑落，可能象徵其潛意識中對關係不穩的焦慮。

這類錯動作往往發生在情感張力最高之際，且與角色、情緒與未說出口的話語有關。動作錯置，是一種「身體說溜嘴」，是在語言尚未準備好之前，情緒搶先登場的舞臺。

錯動作與角色壓力的出口

許多錯動作的出現，源自於個體在角色扮演上的心理壓力。例如一位主管在公司重組會議中，不小心打翻水杯或錯喊部屬名字，這些行為既可能來自疲勞，也可能來自潛意識對角色轉變的抗拒。

在這些錯動作中，潛意識不僅表現為抗拒，也可能是一種哀悼或卸責。將責任錯給他人、搞錯指令、遺失工具，這些行為可能暗示個體並不認同自己的現有位置，而是在透過身體語言與現實角色進行對話。

治療過程中的身體訊號讀解

在心理治療的歷程中，案主的身體錯動作往往比言語更早表露情緒。例如面對創傷議題時的動作僵直、提及關鍵人物時的不斷整理衣袖，或在被問及某段關係時反覆調整坐姿，這些微小的行為可視為潛意識的訊號。

治療師若能溫和地將注意力引導至這些動作上，不是質疑，而是邀請案主覺察：「剛剛你說到那段關係時，手突然緊握了一下，你有注意到嗎？」這樣的提問可能打開潛意識的窗口，讓案主將壓抑的感受與語言重新接軌。

身體錯動作的心理學總結

錯動作是情緒的先行語言，是潛意識突破語言防線的表現形式。它們不僅揭示當下的心理張力，也常攜帶過往經驗的痕跡。透過辨識與理解這些行動，我們能更貼近內在的情感現場，聽見那來自身體的情緒對話，也為理解自我提供一條從行為通往意識的潛徑。

第九節　反社會行為的象徵解釋

當行為違反社會規範

在我們的日常觀察中，某些人的行為總是難以被社會理解——破壞公共財物、無視秩序、騷擾他人、說謊成性。從法律或社會學角度來看，這些行為被歸類為「反社會行為」。但從佛洛伊德的精神分析角度來看，這些行為不僅是規範的違反者，更是潛意識衝突與心理訴求的象徵載體。

反社會行為的背後，往往隱藏著強烈的情緒張力與未被認可的心理渴望。個體藉由「對抗外在規則」來宣告一種內在的混亂、傷痛或不被看見的存在。這不是單純的破壞，而是一種帶有訊息的行為編碼，是潛意識透過非典型方式發出的一種「我是誰」的呼喚。

對父權秩序的象徵性反抗

佛洛伊德指出，文明秩序的建立，仰賴於個體對父親形象與法律象徵的內化。也因此，當這種內化過程未完成或遭遇衝突時，個體便可能發展出對「父性象徵」的反叛形式。這類反社會行為可被視為對法律、權威與秩序的潛意識挑戰。

例如：一位青少年反覆破壞校規、塗鴉牆面，其行為不僅是反抗學校，也可能是潛意識中對家中威權父親形象的不滿轉移。透過違規行為，他得以將內在的反感轉化為外在的可見行動，並獲得一種心理的主體性。

攻擊性中的自我確認

許多反社會行為並非毫無目標的破壞，而是一種自我確認的儀式。對於長期被忽視、壓抑、無法發聲的個體而言，挑戰規則、衝撞邊界，是潛意識對存在感的抗爭。這些行為不為破壞而破壞，而是為了讓世界「看到我」。

這種行為背後往往有著深層的羞辱經驗或創傷背景。透過行為的過當與異常，個體得以喚醒他人的注意，並將自己從「被動受害者」的位置中解放，轉為「主動干擾者」的角色。這是一種對創傷經驗的逆向演出，也是自尊重建的心理操作。

自毀與他毀的交錯動力

反社會行為中的破壞傾向，不僅針對他人，也常導向自我。在某些案例中，個體會以自殘、吸毒、冒險行為等形式同時傷害自己與破壞外界規則。這樣的行為組合，顯示出自毀與他毀的交錯動力。

佛洛伊德稱此為「死亡驅力」的展現 —— 一種不自覺地回歸無機狀態的心理驅力。個體無法從關係中獲得滋養，便選擇用破壞來拆除既有結構，並將自身拖入一種被懲罰、被監控、甚至被放逐的角色之中。這不是簡單的反叛，而是絕望的訴求。

治療場域中的社會對抗行為理解

在心理治療中，若案主呈現出明顯反社會傾向，分析師應避免簡化為品格問題，而是深入其行為背後的心理動力。這些行為可能反映出早年關係失調、依附剝奪，或情感需求長期未被看見的歷史。

舉例來說，一位案主因持續網路詐騙而遭到輔導，若從其敘事中發現其對「被信任」有高度焦慮，甚至在騙局中獲得被依賴的虛幻感，那麼治療師便應協助其辨識此一行為如何彌補其心理匱乏，而非單以道德感評價。

反社會行為的心理學總結

反社會行為不僅是違規，更是心理劇場中的高張力演出。它承載著對權威的抗議、對認同的尋求、對創傷的反轉與對存在的吶喊。唯有穿透行為表層，看見潛意識中的角色衝突與情感動力，我們才能真正理解「為何他要這麼做」，並找出接住這份抗爭的心理途徑。

第十節　破壞性行為的情緒根源

當破壞成為情緒表達

在我們看似理性、有序的行為背後，情緒始終扮演著主導性的角色。尤其在破壞性行為的出現時，更能直觀地揭示潛意識中尚未處理的情緒積壓。佛洛伊德指出，當一個人無法透過語言表達情緒時，身體便會代為行動；而破壞，正是情緒無法被容納時的劇烈外顯。

這些情緒多半包含憤怒、委屈、羞辱、焦慮與無助等混合性質。當個體未能找到安全的方式釋放情緒時，行為便可能轉向具侵略性或破壞性的形式。破壞本身，便成為一種情緒的載體——「我無法說清楚，但我可以讓你看到我有多痛」。

情緒壓抑如何轉為破壞傾向

在成長過程中，若個體經常被教育「不能生氣」、「要懂事」、「要壓下去」，那麼這些被壓制的情緒將無處可去。潛意識不會讓這些能量消失，而會以更為隱晦的方式回到行為層面。

破壞行為便是這種壓抑後能量的釋放出口。一位長年被父母情緒勒索的孩子，可能會在青春期大量破壞個人物品、傷害同儕、甚至毀壞自己精心完成的作品，這些都不是不成熟的任性，而是情緒無法被聽見的回應。

無助與羞辱的觸發效應

許多破壞性行為源自於強烈的無助感與羞辱經驗。當個體在重要情境中失去掌控感、被羞辱、被否定或遭遇情感背叛時，潛意識會傾向以破壞來重建一種心理上的優勢。

破壞不僅是報復，也是一種扭轉角色關係的手段。在羞辱中，個體是「被動受害者」；而在破壞行動中，個體得以成為「主動改變者」，哪怕這樣的改變是負面的。這種行為意圖的核心，在於重新獲得控制感與心理自主性。

情緒未被理解的後果

破壞性行為常是長期缺乏情緒理解與陪伴的後果。當一個人從未被允許表達悲傷、恐懼或怒氣，也從未被教導如何整理與命名這些內在經驗，那麼他只能透過具體行動來表達內在的動盪。

例如一位年輕案主，在父母離異期間開始破壞校園設施、與同儕發生衝突，這些行為背後不只是「問題行為」，而是深層失落與焦慮的外在延伸。若未深入理解這些行為的情緒背景，單從紀律處罰切入，可能只會進一步強化其破壞衝動。

治療中的情緒解碼工作

在心理治療現場，協助案主從破壞行為中辨認與命名情緒，是核心任務之一。當案主開始意識到「我是在生氣」、「我感到被忽視」、「我覺得無力」，他便能從行動中抽離出語言，從衝動轉入理解。

這種過程不僅有助於行為控制，更是建立內在情緒調節能力的起點。佛洛伊德認為，精神分析的目標即是「讓潛意識成為意識」，在破壞性行為中讀懂情緒密碼，是邁向自我統整的關鍵一步。

破壞與情緒的心理學總結

破壞行為從來不是無端而生，它是情緒積壓後的出口，是內在語言無法運作時的肢體發言。唯有理解這些行為背後的情緒根源，個體才能擺脫被衝動推著走的命運，重新與自己的感受建立對話關係。破壞不只是毀壞，它也可能是修復的起點——一個對情緒理解的開門訊號。

第十一節　修復衝動與創傷回應

當破壞之後浮現修復欲望

在破壞性行為之後，許多個體會出現強烈的悔意、自責，甚至主動提出彌補的行動。這種心理狀態，佛洛伊德稱之為「修復衝動」（reparative impulse），是自我對創傷性行動後果的一種心理回應。

修復衝動的出現，並非僅僅源自社會規範或道德要求，而是潛意識中對破壞性動力的一種調和。當個體傷害了重要他人、破壞了珍貴關係，或造成某種情緒性損壞時，潛意識會自動啟動「再整合」的機制，以重新建立自我與他人、自我與自我之間的聯繫。

內在創傷與補償性行動

破壞性行為往往與未癒的創傷有關，而修復衝動則反映出個體對這些創傷的意識化與回應。例如：一位個案在摔壞伴侶送的紀念品後，出現持續性夢境，夢中反覆試圖修復該物，甚至開始主動為伴侶準備禮物，這些行動都顯示出潛意識對於關係修補的迫切需求。

補償性行動是一種心理上的修復工程，它不僅止於「把東西弄好」，更關乎「讓關係回復」、「讓自己不再那麼糟」。

這是一種超我介入後的自我反思與自我治療機制，是從破壞到再建的心理過程核心。

修復與內疚的拉扯

儘管修復衝動具有積極意涵，但它也常與內疚交纏難解。當內疚過度強烈時，修復反而會變成一種自罰形式，例如過度補償、過度付出，甚至把自己置於關係中長期受損的位置上。

這類行為可能來自「我必須為自己的錯誤一輩子贖罪」的心理邏輯，使個體無法真實修復自己與他人，而是陷入一種心理債務的循環中。因此，在治療過程中，辨識修復是否出於健康動機或罪疚懲罰，將成為分析的重要方向。

創傷後的關係重建需求

創傷事件不只破壞自我穩定，也常撕裂與他人的情感連結。修復衝動正是個體渴望重建連結的一種心理回應。這不僅限於對他人的修補，也可能包括對自我的重新接納。

例如某案主因幼年創傷導致自我厭棄，在破壞性行為後，透過創作、志工服務，或協助他人等行動，逐漸找回「我可以創造價值」的感覺，這些行為便是修復衝動的轉化實踐。它不只是治療他人，更是自我修復與整合的過程。

治療場域中修復動力的促發

在心理治療現場中，修復衝動常於治療關係穩固後浮現。案主開始反思過去的傷害、面對自己對他人的破壞，以及承認自己內在的矛盾與分裂，這是一種轉化歷程的指標。

治療師可透過接納與對話，協助案主將修復願望具體化，引導其看見修復不必透過自責來實現，而可透過創造性、關係性與真實對話來達成。這是從懲罰性補償走向重建性修復的轉向。

修復衝動的心理學總結

修復衝動是破壞行為之後潛意識的一種整合性反應。它不只是道德上的「補償」，更是心理結構試圖恢復內在秩序與人際連結的深層動力。當我們理解修復不只是贖罪，而是療癒與再生的展演，便能讓創傷不再只是過去的陰影，而成為未來重建的起點。

第十二節　內在矛盾的行為結晶

當行為成為心理衝突的具體形式

人類的行為從不僅僅是理性的產物。當內在出現彼此矛盾的情緒與欲望時，行為往往成為這場無形衝突的有形結晶。佛洛伊德指出，行動是一種「妥協形成」(compromise formation)，是潛意識為了在對立的心理力量間尋求平衡，而以行為形式表現出來的中介產物。

這些行為既不是純粹的表達，也不是簡單的逃避，而是潛意識在衝突中試圖既滿足某一需求，又不違背另一規範的心理算計。行為因此充滿了複義，並在表層理性之下，隱藏了情緒的矛盾與願望的交錯。

矛盾動力如何形塑行動

當個體同時渴望親近與逃離、渴望表現又害怕失敗、渴望控制又恐懼責任時，潛意識便需創造一種足以涵容這些對立心理的行動表現。例如：一位年輕人對父母依賴又厭煩，便可能選擇持續住在家中但經常無故發脾氣，這種「留在其中又抗拒其中」的行為，即是內在矛盾的行為結晶。

這種衝突性的行為型態，常出現在關係困境、角色轉換或重大決策時期。行為表面看似矛盾、反覆、難以預測，實則是潛意識在為彼此對立的內在聲音尋找一種折衷的出口。

重複行為與未解心理議題

當某些行為模式反覆出現，尤其是對個體造成困擾卻又難以改變時，往往是內在矛盾尚未被覺察與整合的表現。佛洛伊德稱此為「強迫性重複」（repetition compulsion），即個體在無意識的驅動下，一再重演早期心理劇碼，以尋求未完成的情感結局。

例如：一位女性案主反覆與情緒忽冷忽熱的伴侶交往，每次都重演關係破裂的痛苦歷程，這背後實則是其內在渴望親密但又恐懼被拋棄的衝突在作祟。她既希望愛，又不敢信任愛，行為因此呈現出一種循環式的矛盾結晶。

行為中的雙重訊息與潛臺詞

內在矛盾不僅造就反覆行為，也常讓個體釋放出雙重訊息（double bind）。語言說著願意，行動卻表示抗拒；表情看似平靜，舉止卻暗藏焦躁。這些表達的不一致，正是潛意識與意識尚未統合的具體反映。

精神分析強調，在這些雙重訊息中，最值得關注的往往不是說出口的語言，而是行動中的潛臺詞。這些潛臺詞可能來自內在未被認可的部分自我，試圖透過行動讓自我整體被看見與接納。

治療場域中衝突行為的解讀

在心理治療中，案主常會同時表現出求助與抗拒的動力。一方面他們渴望改變，另一方面卻在接近情緒核心時逃避、遲到、沉默。這些行為不是治療的阻礙，而是分析的切入點，是個體內在矛盾最真實的訊號。

治療師的任務在於創造一個足夠安全的空間，讓這些矛盾得以被辨認、命名並逐步整合。當案主開始意識到「我怎麼又在做這件事」的瞬間，便是從無意識衝突走向自我理解的關鍵起點。

行為結晶的心理學總結

內在矛盾若未被辨識與理解，最終會轉化為外在行為的錯綜展演。這些行為不是無理的偏差，而是潛意識深層動力的折射與變形。唯有透過精神分析的視角，讀懂這些行為的心理語法，個體才能從矛盾中釋放自己，並走向更整合、更真實的存在狀態。

第八章
錯誤不是偶然：
潛意識如何設計我們的人生偏誤

第一節　人生錯誤的潛意識配置

錯誤不只是偶發事件

在人生的某些關鍵時刻，我們做出了一些決定，事後才發現那似乎是「錯誤的選擇」。然而，精神分析學派並不將錯誤視為純然的意外。佛洛伊德指出，錯誤的行動、判斷與選擇，往往是潛意識動力配置的結果。換言之，我們之所以「犯錯」，其實是某些被壓抑的願望、情緒與矛盾心理正悄悄地牽引我們走向那條看似不合邏輯的道路。

這些錯誤是潛意識的「劇場操作」，看似背離理性，實則讓被壓抑的內在聲音獲得登場空間。我們錯把感情當真、誤信某些人、選了錯誤的職業、進入難以承受的關係，這些表層錯誤常是深層心理劇情的一部分，指向尚未被意識理解的心理需求與創傷回音。

潛意識如何布置錯誤場景

潛意識的配置並非刻意謀劃，而是透過選擇性注意、記憶篩選、情緒濾鏡與價值傾斜等心理機制，重組我們對現實的感知。例如一位總在關鍵時刻選錯方向的案主，並非不具判斷力，而是潛意識中對「成功的恐懼」作祟，使其無意間為自己創造出無法前進的情境。

這些錯誤並非完全失控，反而具有一種「有序的混亂」。它們在看似荒謬的選擇中，保留了個體的某種心理秩序與防衛。例如：一位逃避衝突的個體可能選擇與一位充滿張力的伴侶交往，透過這段關係重演童年未解的家庭劇碼。錯誤的選擇成為潛意識用來敘述故事、重建情境、甚至尋求解方的方式。

錯誤中的心理角色分工

精神分析視錯誤為心理內部不同部分的「衝突協商結果」。在錯誤的背後，潛藏著本我（欲望與衝動）、自我（現實與調節）、超我（道德與禁止）三者的動態協調。一項錯誤選擇，可能是在欲望推動下、自我妥協中、超我容忍範圍內所產出的「行動妥協」。

例如：一位長期渴望自由但被家庭期待束縛的個體，可能在某次重大職涯抉擇中做出與家庭期望背道而馳的決定。表面上看似「魯莽」，實則是本我突破超我壓抑、自我選擇了暫時讓某一方妥協。這類錯誤不一定完全失控，反而是一種心理能量配置後的行為產物。

治療場域中錯誤經驗的再詮釋

在心理治療中，案主往往帶著對自己「做錯了什麼」的自責與困惑而來。然而，當錯誤被重新理解為潛意識的參與者、而非僅僅是道德或智慧的失誤時，案主便能開始從錯誤中看見自己的心理輪廓。

治療師可引導案主追問：「這個選擇是否讓你回到某個熟悉的情緒場景？」、「你是否經歷過類似的錯誤？」、「這個錯誤可能幫你逃避了什麼，或證明了什麼？」如此，錯誤就不再只是人生的絆腳石，而是心理結構的鏡面與潛意識的提醒者。

錯誤的潛意識心理學總結

人生錯誤常是潛意識對內在矛盾、壓抑願望與情緒張力的「配置結果」。它們不應只被視為命運的打擊或個人缺陷，而是潛意識嘗試介入生命劇本的語言。當我們開始學會從錯誤中閱讀潛臺詞，錯誤將不再只是過去的遺憾，而成為未來理解自我與修正生命方向的重要線索。

第二節　選擇與遺憾的心理交織

選擇的瞬間即是失落的開始

在人生的分岔口，每一個選擇，不只是通往某條道路的啟程，更是對其他可能性的放棄。精神分析指出，選擇不只是意識層面的理性行為，而是潛意識對欲望、恐懼與價值觀的一次排列組合。當選擇完成，潛意識也同步展開對「未被選擇可能性」的哀悼歷程，這正是遺憾產生的心理基礎。

每個「如果當時」的念頭，都折射出潛意識對未竟情境的糾結。我們不是單純懷念錯過的機會，而是仍有部分自我被那個選擇排除在外。於是，遺憾成為選擇不可分割的副產品，甚至影響我們日後再面臨抉擇時的傾向與猶豫。

潛意識如何影響選擇機制

在許多關鍵抉擇的背後，潛意識默默參與運算。表面看來我們是在衡量利益、風險與邏輯，實則許多決定是由深層的情感經驗、角色認同與心理創傷所驅動。

例如一位案主總是選擇「穩定但無熱情」的工作，表面理由是現實考量，實則其潛意識深信「渴望會導致失敗」，這個信念來自童年多次挫敗的情緒記憶。選擇因此成為一種防衛策略，避免再次面對失望的傷痛。這些非顯性的心理因素，構成了我們「為何總是這樣選擇」的內在邏輯。

遺憾如何強化或扭曲自我認知

遺憾不僅是一種懊悔，它更可能對自我圖像造成長期的影響。當我們不斷重溫某個錯誤選擇、未被實現的可能性，潛意識便會將這些遺憾內化為自我敘事的一部分：「我就是個總是錯過機會的人」、「我無法做出正確決定」。這樣的語言逐漸構築出一種負向自我認同。

這類自我敘事若未被意識到與重構，將強化未來的迴避、焦慮與退縮。遺憾不只是記憶，更可能成為決策風格的潛在模板，使我們日後在選擇中更加猶豫不決，甚至選擇「不選擇」以逃避再次承擔失落。

決策焦慮與內在角色拉扯

選擇困難不只是缺乏資訊或過於謹慎，往往是內在多重角色在拔河：理想的我、受傷的我、期待被認可的我、害怕失敗的我……在每一次選擇中，這些角色各自發聲，並在潛意識中進行激烈的協商。

一位案主在婚姻抉擇中不斷徘徊，其實不是不愛對方，而是潛意識中的「自由追求者」與「穩定守護者」兩股力量正在拔河。這些內在衝突若未被辨識與整合，便容易讓個體陷入長期猶豫與延宕，進而錯過本可能走出的路。

治療場域中的選擇與遺憾重構

在心理治療中，協助案主釐清每一次重大選擇背後的心理動力，是重建自我主體性的關鍵。治療師可引導案主探問：「那時的你，是在回應哪一個內在角色的聲音？」、「這個遺憾，是為了彌補什麼情緒的缺口？」

當案主能夠意識到選擇不只是理性抉擇，而是潛意識劇場中的角色登場與權力分配時，遺憾也就不再只是失落，而是心理歷程的一部分。這種理解，讓選擇重新被賦予意義，也讓錯過成為敘事的轉折點，而非終點。

選擇與遺憾的心理學總結

每一個選擇，都是潛意識眾聲喧嘩中的結果，而每一份遺憾，則是未被選擇之我所發出的情緒回音。當我們將這些看似非理性的糾結視為心理能量的配置，就能從中看見自我組成的豐富與複雜。選擇與遺憾，不再只是行為與後悔，而是我們理解自我、梳理內在衝突、邁向心理成熟的重要鏡面。

第三節　自我懲罰與道德失落

當愧疚轉為自我制裁

在佛洛伊德的精神結構理論中，超我是內化的社會規範與道德審判者，當我們違背這套規範時，愧疚便會浮現。若愧疚無法透過語言或修復釋放，便可能轉化為潛意識的自我懲罰。這些懲罰可能以自我否定、錯誤重演，或拒絕快樂的形式出現，成為「看不見的鞭子」。

許多人在成功時感到不安，在幸福中感到不配，這些表現其實來自內在未被整合的罪感與羞辱。超我此時不再只是倫理的守門人，更像是一位嚴厲無情的裁判，持續施加心理懲罰。

潛意識中的道德崩塌經驗

當個體經歷重大錯誤或背離道德信念的事件，如出軌、背叛、逃避承諾，若其心理尚無能力整合這些行為與內在價值，便可能出現道德失落感。這種失落不只是懊悔，更是一種「我不再是我」的自我異化經驗。

案主可能在這種狀態中反覆自責、自我傷害，或無意識地摧毀與他人的關係。這些行為是潛意識在為道德斷裂做出回應，試圖透過懲罰性行動修補身分一致性，哪怕修補方式是痛苦與錯置的。

自我懲罰如何影響生活選擇

長期處於自我懲罰傾向的個體，往往會在生活中做出不利自己的選擇。例如選擇讓自己勞累過度、拒絕追求愛情、將自己放在權力結構的最末端。這些行為背後不全是外在因素，更是一種潛意識中對自我價值的「矮化配置」。

他們可能習慣性地說「我不值得」，或對別人的好意感到不安，這些都不是簡單的自卑，而是自我懲罰正在進行。這種心理狀態如果未被識別與處理，會逐步侵蝕個體的行動力與自我修復能力。

治療現場中的道德重建

在心理治療中，協助案主重建道德感與自我價值感，是解除自我懲罰機制的關鍵步驟。這並非要求案主「原諒自己」那麼簡單，而是幫助其理解錯誤背後的心理動力，並重構一個更能容納人性複雜性的價值系統。

透過夢境分析、自由聯想與角色探問，案主可逐漸辨識自己內在的道德觀來自何處，又如何與早年經驗、家庭信念與文化期待交織。當個體能擁有一套更具包容性與自我接納的道德結構時，自我懲罰的動力也就不再具有壓倒性的破壞力。

自我懲罰與道德失落的心理學總結

自我懲罰不只是愧疚的延伸，更是潛意識對道德斷裂的劇烈反應。當超我過於嚴苛、道德結構過於僵化，個體便難以在人性複雜與社會要求間找到平衡。透過心理治療的支持，錯誤與失落不必再被懲罰，而能成為更新道德架構、重建自我價值的契機。

第四節　角色誤認與身分錯置

當我們活成別人眼中的自己

角色誤認，意指個體將外在賦予的角色錯當為內在真實自我，長期下來可能產生深層的疏離與錯置感。佛洛伊德認為，自我並非固定形塑，而是在外部期待與內部欲望的拉扯中不斷重構。

當個體為了迎合父母、社會或文化期待而扮演某種角色（例如「乖孩子」、「犧牲者」、「優秀者」），久而久之便可能與原初自我產生斷裂。這不只是身分的迷失，更是潛意識中角色認同的轉移與扭曲。

身分錯置的心理代價

當我們長期扮演一個與內在需求不符的角色，便會出現角色疲乏、情緒麻木與存在感薄弱等狀態。案主常用「我不知道我是誰」、「我活著卻像在代替別人活」來表達這種身分錯置的痛苦。

這樣的錯置經常源自童年角色期待，例如被迫當家庭中的「情緒調解者」或「榮耀承載者」。這些內化的角色一旦未經辨識與釋放，成年後便會持續主導個體的行為與選擇，使其難以與真實的自我建立連結。

潛意識中的角色忠誠

儘管身分錯置令人痛苦，但潛意識往往對這些角色有高度忠誠。這種忠誠來自對愛的渴望與對排斥的恐懼——「如果我不再扮演這個角色，是否就不被需要了？」因此，許多個體即使意識到角色不適，也難以退出。

這種忠誠亦是創傷記憶的一部分，當個體曾在特定角色中獲得認同與生存保障，潛意識便會將此視為安全策略。角色錯置的維繫，不僅是心理慣性，也是潛意識對傷害重演的預防性設防。

治療中的角色解構與重建

在治療歷程中，辨識案主的角色扮演與其真實需求之間的落差，是走向心理整合的第一步。透過角色探索、投射技術與關係分析，案主可逐步鬆動內化角色的制約，重新定義自我邊界與存在感。

治療師需協助案主看見：角色曾經幫助他生存，但現在可能成為阻礙其活出真實的限制。當案主能以自我意識重新選擇是否扮演某角色，而非被迫履行時，身分錯置便得以修正，角色忠誠轉為自我主體性的確認。

角色誤認與身分錯置的心理學總結

角色誤認不只是外在的行為問題，而是潛意識自我建構過程中的偏差與固著。當我們開始理解自己是如何一步步「被迫成為某種人」，才能有機會重回真實自我、修復角色與內在需求之間的裂痕，進而建立更自由、真誠與整合的自我樣貌。

第五節　愛情錯覺與幻想幻滅

愛情中的心理投射機制

在戀愛關係中，個體經常不是愛上眼前的那個人，而是愛上一個來自自己內在世界的想像。佛洛伊德指出，愛情是一種高度心理投射的行為，是潛意識將未被滿足的需求、理想化的形象、甚至童年未解的依附需求轉移至伴侶身上的過程。

這種投射機制，使得愛情初期充滿理想化與幻想。對方的一舉一動被過度詮釋為「命中注定」、「他懂我」、「這就是我要的人」，但這些詮釋往往更多反映我們自己的內在渴望，而非真實的他者樣貌。

幻覺破滅與心理失落

當戀愛關係逐漸進入穩定期，幻想開始與現實產生落差。伴侶不再如預期般完美，衝突與失望接連浮現。這時個體可能感受到深刻的幻滅，並將這種情緒歸因於「愛錯人了」，但其實更多時候是對「愛的投射對象」失望，而非對真實對方。

幻滅本質上是一種心理回歸，它迫使我們面對對方的現實性，也面對自己內在的需求與失落。愛情中的幻覺破滅，不只是關係的考驗，更是個體心理成長的轉捩點。

愛錯人還是看錯自己？

愛情錯覺的發生，不全是對方偽裝，而是我們選擇性地「看見」了某些面向，忽略其他不合期待的部分。這種選擇性認知，往往與我們早年對愛的理解、依附模式與自我價值有關。

一位習慣討好型依附的案主，可能會愛上一位冷漠疏離的對象，並將對方的冷淡詮釋為「神祕」、「獨立」，直到關係失衡才驚覺「原來我不被愛」。這不是「看錯人」，而是潛意識透過選擇錯誤的對象，重演過往未竟的愛情議題。

幻想崩解後的自我重組

當愛情幻覺崩解後，若能從關係經驗中抽取自我認識與成長，則這段錯覺愛情便不再是失敗，而是一種心理成熟的素材。案主可被引導反思：「在這段關係中，我期待的是什麼？」、「我為什麼會這麼需要對方的肯定？」、「我是否曾為了被愛而犧牲真實的自己？」

透過這樣的探索，愛情的錯誤不再只是情感災難，而是對自我欲望、情緒需求與依附模式的深層理解。幻滅，是自我成長與重整的心理契機。

愛情錯覺與心理學總結

愛情錯覺的核心，在於潛意識將自我需求與理想化形象投射至他人之上，並在現實中遭遇失落與破裂。但這些錯誤並非徒然，它們揭示了我們如何理解愛、如何被塑造、又如何渴望被理解。唯有透過幻滅，我們才能回到自己，辨認真實的需求，從而建立更健康、成熟且自由的愛情關係。

第六節　行為偏誤與現實逃避

當行為成為潛意識的偏離路線

行為偏誤，是指個體在重複某些看似非理性的行動時，背後所隱含的心理邏輯與逃避動機。佛洛伊德指出，人們不總是照著最有利或最合理的方式行動，因為潛意識經常在其中插手，重組我們對現實的回應模式。

這些偏誤行為不僅僅是選擇錯誤，而是有目的地「錯向」，藉以逃避真實壓力、責任或情緒碰觸。例如拖延、重複失約、逃避重要決策，都是潛意識以「行為繞道」方式進行的心理自保策略。

現實逃避的心理機轉

現實逃避是一種潛意識為了防衛心理完整性所採用的適應方式。當個體面對過高焦慮、失控感或情感負荷時，可能無法以直接方式承受現實衝擊，便轉而選擇逃避。

這種逃避不總是劇烈的退縮，有時更以「積極行動」形式出現——忙碌工作、過度社交、網路沉溺、情緒性飲食，都是潛意識轉移焦點、壓制不安的機制。它們使我們看似活躍，實則遠離真實的情緒與問題核心。

行為偏誤的自我欺瞞功能

許多行為偏誤之所以難以被意識察覺，是因為它們具備某種自我欺瞞性質。個體經常對自己的行動做出合理化：「我只是沒時間處理」、「我還在觀察」、「我不想太衝動」，但實際上這些都是潛意識迴避的藉口。

這種自我欺瞞維持了表面的心理平衡，但長期下來卻會讓個體失去面對現實的能力。案主可能在治療中說：「我也不知道我為什麼又錯過了機會」、「我總是關鍵時刻退縮」，這些敘述反映的正是潛意識對於現實的拒絕與延宕。

從逃避到承擔的心理轉向

要打破行為偏誤與現實逃避的惡性循環，關鍵在於覺察背後的情緒與潛意識需求。治療師可引導案主探索：「你逃避的究竟是什麼？」、「若你選擇承擔，會激發哪些情緒恐懼？」、「這些行為為你保留了什麼心理安全？」

當案主能從迴避中看見自我需求，並逐步承擔對自我與他人的責任時，行為偏誤便可轉化為成長的踏腳石。現實不再是威脅，而成為可被接觸、理解與整合的一部分。

行為偏誤與心理學總結

行為偏誤並非純粹的錯誤，而是潛意識為逃避情緒壓力與心理衝突所設計的行動路徑。它們是壓抑情緒的表徵，是內在恐懼的迂迴之路。唯有理解行為之所以「錯」，我們才能從錯誤中擷取洞見，讓逃避的方向轉為自我承擔的開始。

第七節　語言錯漏中的自我揭示

無意之言中的潛意識暴露

語言是思想的外衣，但佛洛伊德指出，語言有時也會不經意「脫口而出」潛意識的真相。語言錯漏 (parapraxis)，包括口誤、筆誤、遺忘、命名錯誤等，在精神分析中並非簡單的注意力失誤，而是潛意識在語言系統中開的「小缺口」。

我們可能在正式場合喊錯他人名字、講話時突然改變語序，或在說出某句話後驚覺「這不是我想說的」，但這些錯誤正是潛意識趁機插話的方式。語言錯漏並不掩蓋我們，而是揭示我們真正在想、在感、在壓抑的部分。

錯漏如何顯示被壓抑的內容

潛意識中未被處理的衝突與欲望，常透過語言錯漏得以局部釋放。例如：一位案主在與母親通話時，不小心將她稱為「老師」，這可能暗示案主長期將母親視為權威與評價來源，並從小活在被審視的陰影下。

這些錯誤不只是發音或記憶錯亂，而是被壓抑情感在語言體系中的幽微滲出。語言錯漏所暴露的，不只是內容錯置，而是心理結構中被否認、自我尚未整合的情感區塊。

語言錯漏與內在矛盾的對話

語言錯漏不僅暴露潛意識，也經常在錯漏本身構成一種矛盾對話。例如：一位案主在談及伴侶時說：「我們相處得很 —— 其實也不太好」，這種話語中的自我修正與搖擺，正是內在矛盾的語言化表現。

這些語句表面看似不確定，實則反映潛意識與意識在搶奪發言權，是內在衝突未竟的協商。語言錯漏讓聽者得以窺見發話者心中尚未完成的辯證，也讓說話者有機會在錯誤中發現自己真正的立場。

錯誤語言的象徵與投射

有時語言錯漏並不只限於錯誤，而是潛意識刻意挑選「看似錯誤」的字眼進行象徵性發言。例如：一位案主在談到婚姻時說出「這段關係好像一場戰爭」，此句可能並非修辭誇飾，而是潛意識中對伴侶關係的情緒投射。

這些象徵性語言錯漏，是一種「講不出口的說法」，透過語言誤差來指認內在衝突與未解需求。精神分析不將這些語誤視為偶發事件，而是潛意識運作最日常、也最具啟發性的一面。

治療現場的語言細節聆聽

在心理治療中，語言錯漏是治療師重要的線索來源。當案主說出「我不確定我是否想好這件事 —— 其實我根本不想做」，這種話語的修正與倒轉，不僅揭示行為動機，也打開了潛意識與意識之間的縫隙。

治療師可適時溫和詢問：「你剛剛說了『其實不想做』，你覺得這句話是從哪裡來的？」這種介入讓案主在語言錯漏中看見自己未意識到的感受與立場，並有機會轉化那些從未被命名的心理聲音。

語言錯漏的心理學總結

語言錯漏不只是語言的事故，而是心理的伏筆。它們讓潛意識從語言裂縫中探出頭來，用微小、含混卻真實的方式說出內在的真相。當我們開始聆聽這些錯誤語言的象徵與隱喻，我們不只是理解語言，更是接近自己未被理解的內心世界。

第八節　潛意識選擇如何導致命運

命運之路，是無意識的地圖所畫

我們常以為命運來自外在事件的偶然組合，但精神分析揭示，許多命運的走向，其實是潛意識長期選擇的結果。佛洛伊德認為，人的潛意識不只影響思考與情緒，更會介入重大人生決策，使我們在看似自由選擇中，實則受無意識慣性牽引。

潛意識選擇通常隱藏在我們最堅定的偏好、最重複的行為模式、以及最抗拒改變的領域裡。從職業選擇到伴侶挑選，從地點遷徙到人際衝突，潛意識早已透過我們對熟悉感、控制感與安全感的渴望，設下了選擇的預設立場。

命運重演：重複不是巧合，是驅力

佛洛伊德在創傷研究中提出「強迫性重複」（repetition compulsion）概念，指出個體會不自覺地重複早期創傷經驗，企圖在新的場景中達到心理修復。這些重複，外在看似命運使然，實則是潛意識精密安排的「心理戲碼」再演。

例如一位童年缺乏認同的案主，長大後頻繁進入需要極力證明自己的工作環境或親密關係中，反覆經歷失望與挫敗。這不是命運「安排」他悲劇，而是潛意識希望在相似場景中獲得過去未曾獲得的肯定，卻常因劇本未變而導致失敗重演。

潛意識選擇如何迴避改變

人們往往宣稱自己渴望改變命運，卻又在接近轉變時退縮。這種矛盾的背後，是潛意識對未知的不信任與對舊劇碼的依戀。改變不只是行為的轉向，更是心理結構的重組，而潛意識偏好「已知的痛苦」勝過「未知的可能」。

因此，許多個體在關係、職涯、家庭或健康議題上反覆犯下類似錯誤，並將之歸咎於「命不好」、「人生就這樣」。但若從精神分析視角看，這些重複選擇背後，常是深層慣性與未解課題的主導。

命運作為自我劇本的映照

潛意識的選擇不只是重複過去，也常與自我敘事有關。個體內化的自我劇本，例如「我是受害者」、「我總是被拋下」、「成功與我無關」，會在潛意識中主導我們對事件的解釋與選擇。例如有些人會主動遠離支持自己的夥伴，因為那與「我孤獨無援」的內在敘事不符。

當命運事件與自我劇本吻合時，個體會產生一種「果然如此」的虛假穩定感，進一步鞏固劇本效力，讓潛意識持續在未來做出相同選擇，直至這套敘事被挑戰與鬆動為止。

治療場域中的命運重寫

在心理治療中，協助案主辨識潛意識的選擇模式與自我劇本，是重寫命運的第一步。透過自由聯想、夢境探索與關係重現，治療師可引導案主看到：「你真的選擇了這樣的生活，還是你重複了某種心理安全的劇本？」

當案主開始意識到選擇背後的情緒需求與創傷軌跡，便能逐漸擺脫潛意識的獨裁，開始有意識地做出不再重演的選擇。這種「命運轉向」不是改變外在世界，而是重新掌握內在選擇權。

潛意識選擇與命運的心理學總結

命運不是外力的強加，而是潛意識長期選擇的累積結果。當我們能看見那些不自覺的偏好、抗拒與重演，才能真正介入自己的命運走向。理解潛意識如何安排選擇，是心理自由的起點，也是命運自主的核心。

第九節　心靈幽暗處的行動記號

當行動替內心說話

人的行動，不總是出於邏輯推理，也不必然來自有意識的選擇。佛洛伊德在其臨床觀察中發現，許多看似無意的行為，其實是在替潛意識發聲。那些我們無法說出口的恐懼、欲望、羞恥與創傷，常會在不經意的行動中留下痕跡，成為心靈幽暗處的行動記號。

這些記號可能是某些慣性反應、無法解釋的拖延、對特定人的過度敵意，甚至是對某些情境的莫名迴避。行動成為潛意識劇場的布景，在沉默中重複排演著我們尚未面對的心理議題。

心理黑箱中的情緒編碼

潛意識如同黑箱，儲存著那些未被處理的情緒經驗。當這些情緒無法以語言表達時，身體與行動便成為替代出口。譬如某位案主每逢重要會議前便身體不適，從醫學檢查上找不到原因，卻在治療中浮現其對自我表現的深層恐懼與自我懷疑。

這些行動不是偶發事件，而是潛意識對壓抑情緒的「記號反應」。類似的行動也可見於重複摔壞手機、忘記重要約會、進入相似的衝突場景，這些都可能是心理黑箱透過行動所釋放的訊息。

情緒壓力下的儀式性行動

在高度焦慮或創傷經驗之後，個體常會發展出一系列儀式性行動，例如重複洗手、固定檢查門鎖，或經常性清理物品。這些行為背後，並不只是控制欲或潔癖，而是潛意識透過「可控制的動作」來安撫內在的不確定與不安。

這些儀式性行動成為潛意識的「情緒平衡儀式」，即使其本身與焦慮源頭無明顯邏輯連結，卻透過身體動作維繫心理結構的穩定，是心靈幽暗處在試圖自我調節的記號性演出。

自我懲罰與行為重演

潛意識中尚未釋解的罪感與羞辱，常會透過自我懲罰性的行動出現。遲到、搞砸計畫、疏離他人、甚至錯失升遷機會等，皆可能是在內心深處對自我價值的否定與攻擊。

這些行動成為「懲罰性儀式」，以無聲但有力的方式說出「我不值得更好」、「我應該承受後果」。從精神分析視角看，這些行為不是失誤，而是潛意識對道德失落與未被修復創傷的反覆敘述。

行動解讀與治療的介入

在治療過程中，行為的細節觀察是理解案主心理結構的重要線索。案主所敘述的某些日常行為，若能被妥善引導解釋，將開啟通往潛意識的通道。例如：當案主說「我總是在約會前臨時取消」，治療師可追問「你取消的當下，內心有什麼聲音或圖像？」

透過這樣的行動解碼，行為不再只是行為，而是潛意識語言的破譯文本。治療的介入不只是矯正行為，更是讓案主看見行動背後的心理需求與情緒源頭，從而改寫那些來自幽暗處的記號性腳本。

行動記號的心理學總結

心靈的幽暗處並不沉默，它透過行動留下訊息。那些難以解釋的慣性、逃避與自我挫敗，其實是潛意識在努力讓自己被理解。當我們學會辨識並回應這些行動記號，便能為沉默的情緒找到出口，讓行為不再只是錯誤，而是療癒的引言。

第十節　從錯誤中學會心理辨識

錯誤是一種潛意識的語言

精神分析揭示，錯誤並不總是意味著失敗，有時它們是潛意識試圖傳遞訊息的方式。無論是生活中無意的錯失、重複的選擇失誤，或難以避免的關係模式，這些錯誤常蘊含著個體深層心理結構中的未解議題。

佛洛伊德將錯誤視為「潛意識的成功行動」，它們不是偶發失誤，而是被壓抑內容的一種間接表現。我們犯錯的那一刻，往往正在經歷自我、超我與本我三方角力的結果。學會辨識錯誤，便是學會閱讀潛意識的語言。

錯誤中的重複與訊號

若將錯誤視為單一事件，便容易忽略其背後的重複性與結構性。但從精神分析視角看，錯誤若反覆發生、出現在類似情境、導致相似結果，就不再是偶然，而是潛意識正在強烈要求被看見與被理解。

這些重複性錯誤，常是未被處理的創傷、壓抑的情緒，或內在角色衝突的外在表現。每一次錯誤都是潛意識用來敲打意識大門的敘事事件，若能從中看見模式，就能接近心理困境的核心。

從錯誤中辨識內在劇本

許多錯誤的行為來自內化劇本的自我實現。例如：一位總在關係中被拋棄的人，可能內在深信「我不值得被愛」，於是在潛意識的引導下選擇與無法承諾的對象交往，最終證明這個信念。

這些內在劇本通常無聲無形，但卻在行為中反覆演出。錯誤是一種敘事性的循環，只要劇本未被覺察與改寫，錯誤便會持續出現。辨識這些錯誤，不是責備自己，而是開始辨認那部潛意識正在導演的劇。

錯誤作為治療的進入點

在心理治療中，錯誤常是案主最初帶進諮商室的問題。然而，這些錯誤不僅是待解的現象，更是了解案主內在結構的鑰匙。治療師可協助案主探索：「這個錯誤像不像你以往的經驗？」、「這個錯誤是否讓你進入熟悉但痛苦的情緒中？」

透過將錯誤作為進入點，個體可一步步剝開表層情節，進入潛意識劇場，辨識出自我尚未命名的需求與恐懼。這不只是分析錯誤本身，而是透過錯誤開啟自我理解的入口。

錯誤的反思與自我整合

錯誤若能被理解為心理訊號而非人格缺陷，將有助於提升自我接納與整合能力。每一個錯誤都可能蘊藏著改變的潛力，只要我們願意從中學習、聆聽與轉化。

案主在治療過程中，當能夠說出「我知道我又在重複什麼了」時，便是從被動錯誤轉向主動理解的關鍵時刻。錯誤不再只是命運的安排，而是個體心理結構的映照，也是一種內在轉化的潛在契機。

錯誤辨識的心理學總結

錯誤是潛意識對我們發出的提示語句，是內在劇本的行為痕跡。當我們學會從錯誤中閱讀心理結構、辨識潛藏模式、並釋放壓抑情緒，我們便不再只是錯誤的受害者，而成為自我認識與整合的主體。錯誤，因此也成為通往療癒與重建的起點。

第十一節　錯誤重複與慣性模式

錯誤不只是事件，而是心理習性

在心理治療的現場，最令人困惑的往往不是某次單一的錯誤，而是錯誤的反覆出現。從精神分析的視角來看，這種重複錯誤是潛意識慣性模式的顯現，是心理結構尚未解構的自我循環。

這些慣性不僅與行為有關，更與情緒迴路、認知信念與早期經驗形成的內在劇本密切相關。錯誤之所以重複，不是因為我們學不會，而是潛意識仍在透過這些重演，試圖完成一段未竟的心理歷程。

重複錯誤的潛意識驅力

佛洛伊德指出，「強迫性重複」是潛意識為處理未完結的創傷而展開的自我修復企圖。然而這種修復常陷入循環，因為我們複製的不只是場景，還有當時未能處理的情緒與行為反應方式。

舉例而言，一位案主在不同職場中總是與權威產生衝突，實則是在重演與父親之間未竟的抗爭。在潛意識中，這些重複不只是重現傷口，更是一種「在傷口中尋找出口」的嘗試。

錯誤慣性的心理收益

重複錯誤的背後常蘊藏著某種心理「隱性好處」，即使看似痛苦，潛意識卻從中獲得安全感或熟悉感。例如總是與不可親密的人談戀愛，表面上是受傷，實際上是避免真正親密所帶來的脆弱與依賴焦慮。

這種「熟悉的痛苦」反而比「未知的幸福」來得更可控，因此錯誤的重複也成為維持心理結構穩定的一種方式。從這個角度看，錯誤不是不小心，而是潛意識對風險的掌控策略。

慣性模式如何阻礙成長

若錯誤重複未被辨識與中斷，將逐步削弱自我效能感與改變信念。個體可能在內心建立起「我就是這樣的人」、「我永遠都不會改變」等負面自我認知，進而放棄調整與修復的動機。

這種心理慣性一旦內化為身分，錯誤便不再只是事件，而變成自我敘事的核心。個體不再嘗試避免錯誤，而是默默地接受它、成為它，進一步封鎖了轉化與重建的可能性。

治療歷程中的模式破譯

在心理治療中，辨識並破譯錯誤的慣性模式是重要目標之一。治療師可引導案主從語言與行為中看見重複規律，協助其辨識出：「你是否又走上了相似的道路？」、「這個選擇是否延續了過去的劇本？」

當案主能夠將重複錯誤視為訊號而非宿命時，心理便產生鬆動的可能。從辨識到調整，再到能以自我意識選擇不再重演，是慣性模式轉化為自我主體性的歷程。

錯誤慣性的心理學總結

重複的錯誤不是失敗，而是潛意識試圖修補自我斷裂的證據。唯有在理解與包容中看見這些慣性所代表的心理訊號，我們才能不再被錯誤拖行，而是開始與潛意識對話，修正劇本、重建敘事。錯誤若能被意識轉化，就有機會成為自由與成熟的起點。

第十二節　錯誤的療癒力量與啟發

錯誤不只是創傷，也可能是突破口

錯誤常被視為負面經驗，是需要修正與避免的標記，但從精神分析的角度看，錯誤也可能是心理成長與整合的關鍵契機。每一次錯誤背後，皆潛藏著潛意識的訊號與情緒濃度極高的心理素材，這些素材若被意識所接納與理解，便可能轉化為療癒的動力。

錯誤讓我們面對限制，也逼迫我們修正觀點與模式。它是讓我們「被迫長大」的機制，不再以原有的防衛系統應對世界，而是開啟更深層的自我覺察與心理調整。

錯誤引發的情緒波動即是療癒起點

心理療癒並非從「好起來」開始，而是從願意看見與承認「錯了什麼」開始。當個體因錯誤而產生罪惡感、羞愧感、懊悔、失落等情緒時，這些情緒便成為心理觸動的材料，是潛意識開始鬆動、防衛開始退讓的徵兆。

治療師若能在這些時刻陪伴案主進入情緒現場，引導其從錯誤中回溯情緒根源，不但能解除防衛，也能使案主重構自我認同與價值體系。錯誤中的情緒波動，不再是需逃避的痛點，而是通往內在真實的門。

從錯誤學習即是重建心理主體性

當我們能從錯誤中學習，不再將錯誤歸因於命運或他人，而願意理解錯誤所反映的內在慣性與心理需求時，我們便重新掌握了自我主體性。錯誤不再是外在命運的打擊，而是我們與潛意識協作的對話場域。

這種學習是一種「心理上的長出」，讓我們從自我矛盾中整理秩序、從過去遺憾中凝鍊意義，進而在未來做出不同的選擇。錯誤，從此轉化為通往成熟的心理階梯。

錯誤療癒的象徵性修復

許多案主在錯誤後期盼修復關係、補償遺憾，但往往無法透過現實操作達成。此時，治療師可協助案主進行象徵性修復——例如透過夢境敘事、角色扮演、想像性對話、書寫療癒信等方式，與錯誤中的情緒與角色進行和解。

象徵修復的重點不在於「補救錯誤」，而是重建個體的心理完整感。當案主能與過去錯誤中的自己對話、原諒、理解，便能將這些錯誤整合為生命敘事的一部分，而非被剪裁與遺棄的創傷片段。

錯誤的療癒力量與心理學總結

錯誤不只是失敗紀錄，更是潛意識透過行動與情緒尋求整合的訊號。當我們不再用排斥與否定面對錯誤，而能以心理探索的態度接近它、理解它、轉化它，錯誤便能從破壞性力量轉變為療癒與啟發的來源。錯誤是心理彈性的起點，是潛意識願意和我們對話的信號燈。

電子書購買　爽讀 APP

國家圖書館出版品預行編目資料

重新認識佛洛伊德：全新視角詮釋佛洛伊德經典學說，解構潛抑記憶、錯置行動與認知矛盾 / 許奕廷 著 . -- 第一版 . -- 臺北市 : 財經錢線文化事業有限公司 , 2025.08
面；　公分
POD 版
ISBN 978-626-408-343-0(平裝)
1.CST: 佛洛伊德 (Freud, Sigmund, 1856-1939) 2.CST: 學術思想 3.CST: 精神分析學
175.7　　　　114010632

重新認識佛洛伊德：全新視角詮釋佛洛伊德經典學說，解構潛抑記憶、錯置行動與認知矛盾

臉書

作　　者：許奕廷
發 行 人：黃振庭
出 版 者：財經錢線文化事業有限公司
發 行 者：崧燁文化事業有限公司
E-mail：sonbookservice@gmail.com
粉 絲 頁：https://www.facebook.com/sonbookss/
網　　址：https://sonbook.net/
地　　址：台北市中正區重慶南路一段 61 號 8 樓
8F., No.61, Sec. 1, Chongqing S. Rd., Zhongzheng Dist., Taipei City 100, Taiwan
電　　話：(02) 2370-3310　　傳　　真：(02) 2388-1990
印　　刷：京峯數位服務有限公司
律師顧問：廣華律師事務所 張珮琦律師

定　　價：450 元
發行日期：2025 年 08 月第一版
◎本書以 POD 印製